Guía para el docente y solucionarios

Administración de
servicios de internet

ic editorial

Editado por: IC Editorial
c/ Cueva de Viera, 2, Local 3
Centro Negocios CADI
29200 Antequera (Málaga)
Teléfono: 952 70 60 04
Fax: 952 84 55 03
Correo electrónico: iceditorial@iceditorial.com
Internet: www.iceditorial.com

Guía para el docente y solucionarios:
Administración de servicios de internet

1ª Edición

© IC Editorial 2025

ISBN: 979-13-7027-062-9
Depósito Legal: MA 1782-2025

Impresión: PODiPrint
Impreso en Andalucía - España

Índice

Bloque 1
Guía para el docente: técnicas de enseñanza y aprendizaje

Contenido

1. Introducción

El presente capítulo está destinado a ofrecer al cuerpo docente responsable de la enseñanza del programa de cualificaciones profesionales y certificados de profesionalidad, una guía metodológica para obtener el máximo rendimiento de los contenidos formativos que han sido desarrollados para el presente título.

La mejora de las habilidades comunicativas y la aplicación de una metodología contrastada de enseñanza, aprendizaje y evaluación permitirá transmitir el conocimiento y adquirir el programa formativo de la forma más efectiva y práctica posible.

Estudiaremos cuáles son los principales elementos que forman parte de la comunicación profesor-alumno, a través de una cuidada selección de sistemas de planificación de estrategias didácticas, así como la utilización de medios y recursos didácticos.

La integración de todas las actividades planificadas alrededor de un plan de formación adaptado e individualizado, aumentará además la satisfacción del alumnado por la utilización de un sistema no lineal e interactivo que se retroalimenta gracias a la relación establecida entre la propia metodología y los actores que forman parte de la enseñanza.

2. El programa de formación

Una de las claves del éxito de la mayoría de las actividades que se realizan en general, y concretamente en la formación, es la **programación.** Es necesaria la programación de las acciones formativas, para que así se pueda alcanzar el objetivo final, es decir, que el alumno obtenga una buena capacitación y adquiera nuevos conocimientos en su repertorio y que, después, sea capaz de emplearlos en su trabajo.

2.1. Definición de programación

Cuando se habla de **programación,** se pueden encontrar multitud de defini-ciones. Para sintetizar, se podría definir como la actividad de enunciar lo que se quiere hacer (objetivos, contenidos, métodos, temporalización, medios y recursos didácticos y evaluación).

 Definición

Programación
Es un plan donde se establecen las acciones que se van a realizar en un proceso de enseñanza-aprendizaje, por medio de un formador o un equipo.

A continuación, se va a describir una serie de características que tiene que tener una programación didáctica:

- Dinámica. Una programación no es estática ni está acabada, siempre está en constante revisión, de ahí su dinamismo. Además va cambiando o evolucionando según los resultados de la evaluación continua que se va realizando durante la ejecución de la acción.
- Flexible. Esta característica permite que se puedan hacer cambios, am-pliaciones, reducciones y actualizaciones de los contenidos y activida-des programadas, según las necesidades que se observen.
- Creativa. La programación como es un diseño propio y exclusivo, exige creatividad y originalidad. El docente es el que decide sobre el quehacer en el aula teniendo en cuenta las características del grupo, las necesida-des que se pretenden satisfacer y las propias posibilidades.
- Prospectiva. La programación consiste en hacer un pronóstico de la in-teracción que se va a producir en el aula.

- Sistemática. La programación es un proceso sistematizador que da coherencia a la acción formativa, ya que tiene en cuenta todos los elementos (objetivos, contenidos, métodos, temporalización, medios y recursos pedagógicos y evaluación) que intervienen en el acto educativo y analiza sus relaciones.
- Integradora. Permite integrar elementos de cualificación técnico-profesionales con elementos de cualificación personal de alumnado.
- Funcional. Toda programación debe basarse en el perfil profesional de la ocupación y estructurar los contenidos formativos que proporcionan las competencias de ésta.

2.2. Elementos de la programación

Antes de empezar cualquier programación formativa, es necesario tener en cuenta los datos obtenidos del análisis de la ocupación y del grupo al que se dirige la acción formativa. A partir de esta información, se determinan los elementos que van a conformar la programación.

Cuando se realiza la programación de un curso, hay que plantearse previamente las siguientes preguntas:

1. ¿Qué quiero conseguir con la formación?	**OBJETIVOS**
2. ¿Qué conocimientos deben asimilar los alumnos para alcanzar los objetivos propuestos?	**CONTENIDOS DEL CURSO**
3. ¿Cómo trabajamos en el aula? ¿Qué actividades son las que realizamos?	**MÉTODOS DE ENSEÑANZA**
4. ¿Cuánto tiempo tengo y cuánto dedico a cada módulo?	**TEMPORALIZACIÓN**
5. ¿Qué medios y recursos didácticos se necesitan para poder llevar a cabo esas actividades?	**MEDIOS Y RECURSOS DIDÁCTICOS**
6. ¿Cómo sabemos que se ha producido el aprendizaje?	**EVALUACIÓN**

3. Factores determinantes de la efectividad de la comunicación en el proceso de enseñanza-aprendizaje

En toda comunicación que se produzca en el proceso de enseñanza-aprendizaje, existen factores determinantes que obstaculizan o refuerzan este proceso.

3.1. Obstáculos de la comunicación

Relacionados con el emisor

- No expresar de forma clara qué mensaje se quiere transmitir.
- Comentar algo a lo largo de la explicación que no sea lo correcto y pueda resultar desagradable.
- Cambiar el tema de conversación.
- Desviarse del tema que se está tratando.
- No mirar al receptor cuando se quiere expresar algo.
- No estar atento a las señales que emite el receptor.
- Expresar alguna idea a través de los gestos que no se corresponda con la idea a comunicar.

Relacionados con el receptor

- No comprender las ideas que quiere expresar el emisor.
- No pedir explicación al emisor de aquella información que no le haya quedado clara.
- Interrumpir al emisor cuando está hablando.
- Captar algo diferente a lo que el emisor desea transmitir.

Relacionados con el mensaje

- Mensaje confuso.
- Mensaje muy corto.
- Mensaje muy extenso.
- Abuso de muletillas.
- Utilización de frases sin terminar.
- Dar "rodeos" para decir la idea principal.

Relacionados con el contexto

- No ser el momento adecuado para transmitir algo.
- No saber escoger el lugar oportuno.
- La presencia de ruidos y de interferencias.
- No pensar en las personas que están cerca.

Relacionados con el código

- No utilizar el mismo código que la persona con la que se habla o a la que se escucha.
- No adaptar el vocabulario a la situación o a la persona con la que se conversa.
- Utilizar el doble sentido.

3.2. Sugerencias para el mejor funcionamiento de la comunicación

Emisor

- Acostumbrarse a planificar la comunicación.
- Concretar visiblemente los objetivos.
- Buscar la retroalimentación en la comunicación.
- No tratar de impresionar al receptor.

Mensaje

- Que sea claramente entendido por el receptor.
- Que la terminología usada sea de referencia común.
- Que reclame la atención y el interés del alumnado.
- Que sea sencillo de interpretar.
- Que su contenido sea adecuado y convincente.
- Que produzca el máximo efecto posible.

Canal

- Que sea el más apropiado al grupo al que se dirige, al contenido del mensaje y al objetivo que persigue el formador.
- Que sea el que cause mayor impacto en el receptor.
- Que sea el más eficaz.
- Que sea el que mejor domine el formador.

4. La comunicación verbal y no verbal en el proceso instructivo

Los medios de comunicación pueden agruparse en dos grandes bloques: los **medios verbales,** que son aquellos que usan la lengua como código compartido; y los **medios no verbales,** que son los que se fundamentan en otros códigos simbólicos. A su vez, dentro de los medios verbales, están el medio escrito y el medio oral.

Cada uno de estos medios tiene sus ventajas y sus inconvenientes, por lo que la selección del medio deberá tener en cuenta las circunstancias y características que en cada caso presenta el comunicador, la audiencia y el mensaje que se ha de transmitir.

4.1. Los medios verbales

La comunicación verbal

La comunicación verbal se utiliza para comunicar ideas o dar información, opiniones, expresar o describir sentimientos, etc. Sirve de vehículo a los contenidos explícitos del mensaje. Para garantizar la efectividad de la comunicación, es necesario que el mensaje se presente de forma descriptiva y operativa, pero siempre teniendo muy en cuenta el código común del grupo al que va dirigida esta comunicación.

Un uso correcto del lenguaje oral ayuda a acercarse más a los alumnos. Los principales aspectos a considerar son los que aparecen a continuación.

Construcciones gramaticales

El objetivo será transmitir el mensaje de la manera más clara posible. Se deben evitar los giros rebuscados, la sintaxis complicada y las metáforas. En las explicaciones y conversaciones debe primar el contenido sobre la forma.

Vocabulario

Es importante saber qué palabras van a expresar mejor los conceptos que se desean transmitir y las que pueden ser comprendidas mejor por los alumnos. El análisis previo de los alumnos ayuda a saber qué términos técnicos se pueden utilizar sin problemas, cuáles se tienen que explicar y cuáles se deben evitar.

En general, siempre hay que mantenerse dentro de un lenguaje formal, evitando los vocablos demasiado coloquiales, las palabras extranjeras, las referencias académicas y expresiones de carácter religioso, político, deportivo o cultural, que pueden resultar agresivas para los alumnos.

Ejemplos

Los conceptos abstractos que pueden aparecer y que dificultan la adquisición de los contenidos, tienen que ser expresados mediante las explicaciones del formador, siempre apoyándose en la visualización.

La comunicación escrita

La comunicación escrita posee un carácter más veraz que la oral. La interacción que tiene lugar entre el emisor y el receptor no es inmediata, en algunas ocasiones no llega a producirse jamás. Este tipo de comunicación ofrece más oportunidades expresivas y mayor complejidad gramatical, sintáctica y léxica. También hay que tener en cuenta que a veces dificulta la expresión y/o puede no proporcionar *feedback* de manera inmediata.

4.2. Los medios no verbales

Al igual que las palabras, los elementos de la comunicación no verbal son signos que representan una idea (se excluyen todos los signos lingüísticos).

A diferencia de la comunicación verbal, su función no se centra sólo en la transmisión de contenido, sino que traspasa esa frontera para expresar también las emociones del emisor, controlar la interacción y proporcionar *feedback* del efecto que el mensaje produce en el receptor. Todas estas funciones son muy útiles para el formador, tanto en su tarea de transmisor de conocimientos como en la tarea de motivar y dirigir al grupo.

A continuación, se detallan las diferentes categorías en las que se agrupan los elementos de la comunicación no verbal.

Kinesia

Posturas

Una de las primeras cosas que el formador debe transmitir a sus alumnos es confianza y seguridad, lo que puede conseguirse a través de una postura erguida (sin llegar a ser arrogante), de pie, apoyándose sobre los dos pies y manteniendo la cabeza alta.

Esta postura es útil, especialmente durante la presentación del curso, porque ayuda a relajar el cuerpo, a facilitar la respiración y a controlar las muestras de nerviosismo, al tener un buen apoyo en el suelo.

A medida que avanza el curso, se pueden adoptar otras posturas que faciliten el descanso (apoyarse), el acercamiento (echar el cuerpo hacia delante) o que resten protagonismo (sentarse).

Gestos

Los gestos son un buen aliado del formador, excepto cuando éste se siente incómodo o nervioso. Gestos de carácter adaptador, como rascarse o colocarse la ropa, pueden delatar su estado emocional.

La mayoría de los gestos cumplen la función de reforzar el mensaje verbal (ilustradores), aunque existen otros cuya función es regular las intervenciones cuando se dirige una discusión de grupo.

Expresiones faciales

Las expresiones de la cara transmiten las emociones y permiten obtener fácilmente una respuesta del alumno.

Una expresión facial agradable, como una sonrisa no forzada, facilita la creación de un ambiente relajado en el aula. Una sonrisa puede ser muy útil también para romper la tensión que inevitablemente surge en algunas sesiones.

Mirada

La mirada, junto con la postura, es uno de los mejores métodos para transmitir confianza (en momentos de nerviosismo se tiende a apartar la vista) y para captar la atención de los alumnos.

Mientras el formador habla debe mantener la mirada sobre los alumnos la mayor parte del tiempo, mirándolos el tiempo suficiente como para que se sientan atendidos pero no incómodos. También se puede utilizar la mirada durante las discusiones de grupo, con una función reguladora de las distintas intervenciones.

Desplazamientos

Realizar desplazamientos en el aula capta la atención del alumnado, además de facilitar el contacto visual. Hay que procurar que no sean repetitivos o bruscos (pasear cerca de los alumnos), y cambiar de un recurso a otro (ir de la pizarra al retroproyector), etc.

 **Recuerde**

Los recursos no verbales que estudia la Kinesia son:

▪ Posturas.
▪ Gestos.
▪ Expresiones faciales.
▪ Mirada.
▪ Desplazamientos.

Estos recursos pueden utilizarse tanto para reforzar lo que se expresa mediante la comunicación verbal como para sustituirlo.

Proxémica

El aspecto de la proxémica que más interesa es la proximidad física entre los individuos, ya que los alumnos pueden sentirse violentos si el formador se aproxima excesivamente a ellos o, por el contrario, verle distante si no se acerca.

Se debe prestar atención a este aspecto, tanto durante las intervenciones como al distribuir el espacio del aula que se va a emplear, evitando siempre que los asientos estén demasiado juntos o demasiado separados.

Paralingüística

Para captar la atención del público, los oradores suelen hacer uso de determinados aspectos como el tono de voz o las pausas, que en algunos casos pueden parecer exagerados.

El formador, aunque emplee el método de la lección magistral, no es un orador y, por tanto, no debe prestar especial atención a estos aspectos, excepto cuando le plantean algún problema, debido a la ansiedad, al cansancio o a un mal estado de salud. Practicar en voz alta y realizar grabaciones durante la fase de preparación puede ayudar a vencer estas dificultades.

Volumen

Aunque el aula sea pequeña, se tiene que realizar el esfuerzo de hablar lo suficientemente alto para que todos los alumnos oigan las explicaciones y, a la vez, transmitir confianza. En general, el volumen se ajustará instintivamente cuando se compruebe dónde se sitúa la persona que se encuentra más alejada.

Entonación

El problema más frecuente, especialmente si se está cansado, es la monotonía, que no contribuye a captar la atención ni a motivar a los alumnos.

El interés que el formador muestre por el tema y una correcta preparación le hará destacar los puntos clave y jugar con la entonación de una forma adecuada a lo largo de toda la exposición.

Pronunciación

Los problemas se presentan especialmente cuando se está nervioso o se habla demasiado rápido. Se debe hacer un esfuerzo por articular todas las palabras de manera limpia y clara, abriendo la boca lo suficiente para pronunciar correctamente las sílabas, consonantes y vocales.

Velocidad

Una velocidad correcta puede ayudar a resolver problemas de pronunciación y de entonación. Se debe hablar a una velocidad normal o algo superior, para facilitar el mantenimiento de la atención. No obstante, si se está nervioso, se puede hablar con mayor lentitud para facilitar la respiración y relajarse. También se debe reducir la velocidad cuando se expliquen conceptos técnicos complejos o cuando se espere alguna respuesta por parte de los alumnos.

Recuerde

Los elementos que trata la Paralingüística son:

- El volumen.
- La entonación.
- La pronunciación.
- La velocidad.

Proyección física

Existen determinados factores que, sin que la persona diga ni haga nada, transmiten información y hacen referencia a la imagen física que esta persona proyecta.

Es fundamental que el formador transmita una imagen positiva para los alumnos. Se debe cuidar el aspecto externo y los artefactos que se usen, como los adornos y prendas de vestir. La manera adecuada de vestir depende de la situación y siempre debe estar en consonancia con lo que cada colectivo de alumnos espera del formador.

Ejemplo

Sería negativo vestir pieles para impartir un curso cuyo objetivo fuese desarrollar actitudes positivas hacia la protección del medio ambiente.

En cualquier caso, se debe llevar ropa que resulte cómoda, bien cuidada y no demasiado llamativa. A los adornos y al peinado se aplican las mismas reglas que al vestido.

Importante

Un objetivo fundamental del formador es dirigir la atención de los alumnos hacia el contenido que está desarrollando, nunca hacia su persona.

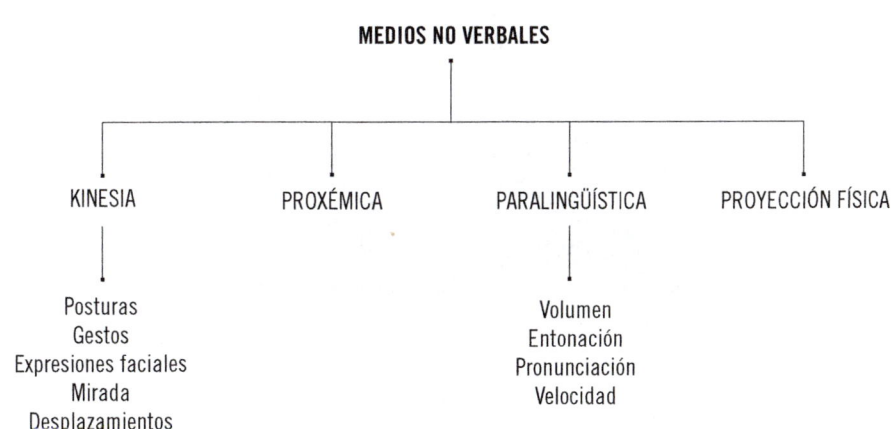

MEDIOS NO VERBALES

KINESIA	PROXÉMICA	PARALINGÜÍSTICA	PROYECCIÓN FÍSICA
Posturas Gestos Expresiones faciales Mirada Desplazamientos		Volumen Entonación Pronunciación Velocidad	

Finalmente, conviene recordar que si el formador observa atentamente la comunicación no verbal que expresan los alumnos, obtendrá una gran cantidad de información.

Hay numerosos signos no verbales que puede mostrar el alumno:

- **Atención:** posturas del cuerpo (inclinado hacia delante, hacia atrás...).
- **Necesidad de hablar:** movimientos sutiles de la boca, de la mano, etc.
- **Irritación:** movimiento de pies, manipulación de objetos sobre la mesa, etc.

- **Concentración:** tomar apuntes, mirar al docente, etc.
- **Cansancio:** cuerpo hundido, suspiros, etc.
- **Inercia:** silencios de todo el grupo, etc.
- **Desinterés:** cerrar el cuaderno, bostezar, mirar al vacío, etc.
- **Sorpresa:** levantar los brazos, abrir la boca, levantar las cejas, abrir los ojos, etc.

Si se observan estos elementos de forma atenta, se podrá obtener información sobre la comprensión del mensaje y el estado emocional de los alumnos, lo que será de gran utilidad para el formador durante el curso.

La comunicación no verbal aporta información al formador sobre los alumnos

5. Técnicas de secuenciación de contenidos

Una vez seleccionados los contenidos, hay que ordenarlos secuencialmente. La **secuenciación y estructuración de los contenidos** es el proceso que permite situarlos en una configuración que produce el máximo aprendizaje en el mínimo tiempo posible.

Algunas de las técnicas para la secuenciación de contenidos son las siguientes:

- Que los contenidos estén de acuerdo con los objetivos propuestos y con los plazos previstos para conseguirlos.

- Empezar por los contenidos más próximos y significativos para el alumno, para llegar poco a poco a lo desconocido. De esta manera, resultará más fácil introducir los nuevos contenidos.
- Ir de lo inmediato a lo remoto.
- Ir de lo concreto a lo abstracto.
- Ir de lo más fácil a lo más difícil. Esto motiva al alumnado porque le va mostrando los avances de manera rápida.

Las principales ventajas que este proceso conlleva son:

- Ayuda al participante a pasar de un conocimiento o habilidad a otro.
- Garantiza que los conocimientos y habilidades previas son alcanzados antes de introducir elementos nuevos.
- Reduce el tiempo de formación.
- Evita la confusión y los fallos en el participante.

Estos puntos son los principales aspectos a tener en cuenta cuando se realiza la presente fase de la programación de la formación, es decir, cuando se fijan los contenidos de la formación.

6. La selección y planificación de estrategias didácticas

Las personas que realizan un curso de formación son diversas, por ello es muy importante que las estrategias didácticas se adapten, de la mejor forma posible, al contexto y permitan una flexibilidad.

 Definición

Estrategias didácticas
Son procedimientos que el formador emplea para facilitar el aprendizaje, con la intención de que éste sea significativo.

Tras la selección y estructuración de contenidos, llega el momento de decidir la modalidad de formación a seguir y la metodología a utilizar en su impartición. Pero esta decisión no se puede tomar arbitrariamente, sino que ha de basarse en unos criterios. Los criterios de decisión básicos para determinar qué estrategia y qué método de formación es el adecuado, son:

- La compatibilidad con los objetivos.
- Los principios generales del aprendizaje del adulto: individualización, motivación, utilidad, practicidad, intereses, etc.
- Los principios de rigor, realismo y participación.
- El carácter eminentemente aplicativo de los aprendizajes.
- La posibilidad de transferir los aprendizajes al puesto de trabajo.
- Los recursos disponibles, incluido el tiempo.
- Los factores relacionados con los participantes, como el estilo de aprendizaje, la edad, el tamaño del grupo, la motivación, etc.

Una vez escogido el método, se observa que ninguno es químicamente puro, sino que unos participan de otros. Por lo demás, todo método puede ser adecuado o inadecuado dependiendo del modo en que sea empleado.

Los formadores deben utilizar los métodos flexiblemente, de la forma que mejor se adapten al estilo de formación, a la materia y a los alumnos, complementando cada método con la técnica y recurso didáctico más acorde.

7. La selección y planificación de medios y recursos didácticos

Para realizar cualquier acción formativa, hace falta algo más que elegir y aplicar unos métodos y unas técnicas. Son necesarios los medios y recursos didácticos, que van a ayudar a desarrollar la metodología seleccionada en el aula. Los medios y recursos didácticos permiten el trasvase de información formador-alumno.

Definición

Medios didácticos
Son materiales elaborados para facilitar los procesos de enseñanza-aprendizaje.

Recursos didácticos
Son soportes mediante los cuales se presentan los contenidos del curso a los alumnos.

A la hora de escoger el medio o recurso a utilizar, se deben tener en cuenta los siguientes criterios:

- **Características de la materia o tema.** Dependiendo de la naturaleza de los contenidos, éstos pueden ser transmitidos por unos u otros métodos.
- **Los objetivos del curso.** Toda selección de medios y estrategias de enseñanza deben realizarse en función de éstos.
- **La disposición del aula y el número de alumnos.** Hay que tener cuidado, sobre todo en la visibilidad de alguno de los recursos, porque pueden perder eficacia.
- **Tiempo disponible para la formación.** Este elemento tiene que estar siempre presente, porque, en función del tiempo que se tenga, se elegirá lo que se adapte mejor a las necesidades.
- **Recursos disponibles,** ya que en algunas ocasiones están a nuestro alcance.
- **El uso que se haga de ellos,** cuál es la finalidad, qué es lo que se pretende y en qué momento se van a utilizar.
- **El nivel de conocimiento de los alumnos** sobre el tema.

Todos estos puntos se han de tener en cuenta a la hora de escoger un medio o recurso didáctico. La finalidad de éstos no es otra que la de fundamentar, apoyar y reforzar el acto formativo.

8. La planificación de la evaluación del proceso de enseñanza-aprendizaje

La aplicación de programas de formación lleva a la obtención de unos determinados resultados. Éstos serán los frutos de la formación y mostrarán el grado de eficacia y eficiencia con que se lleva a cabo la función formativa.

Los resultados indican el éxito de la formación mediante su contraste con los objetivos fijados anteriormente. Este procedimiento recibe el nombre de **evaluación,** proceso ampliamente conocido y con trascendencia reconocida para la formación. Según el proceso de evaluación aplicado, los resultados obtenidos serán reales y fiables, o bien, falseados.

Para que los resultados de la evaluación muestren con certeza el grado de éxito alcanzado con la formación, es necesario un requisito previo: el establecimiento de criterios de evaluación durante el proceso de planificación de la formación. Los criterios actúan como puntos de referencia, a partir de los cuales se valoran los resultados obtenidos.

Los criterios de evaluación han de fijarse con mucha atención, ya que determinan el proceso de evaluación, y éste juzga el grado de éxito de la función formativa.

El primer aspecto a tener en cuenta es la validez: los criterios de evaluación han de ser válidos en relación a los elementos del proceso formativo.

Los aspectos que determinan el grado de validez de los criterios de evaluación son:

- La relevancia.
- La no deficiencia.
- La no contaminación.
- Su fiabilidad.

El establecimiento de criterios válidos y fiables permitirá elaborar un proceso de evaluación de la formación que mida rigurosamente la eficacia y la eficiencia de la función formativa.

9. El seguimiento formativo

El seguimiento es un proceso continuo que sirve para evaluar la eficacia del uso de los recursos y para saber qué iniciativas se pueden emprender para mejorar el aprovechamiento de los recursos formativos.

El seguimiento, además de realizarse después de haber finalizado la planificación formativa, también se realiza antes de la acción.

9.1. Características

El seguimiento formativo permite evaluar los distintos componentes (desde los alumnos hasta todos los elementos que forman la programación) que intervienen en él durante todo el proceso de formación.

El seguimiento formativo se diferencia de la evaluación en que éste tiene que ver más con tareas organizativas, de coordinación, administrativas, etc.; sin embargo, la evaluación valora aspectos de los procesos de formación, como pueden ser la comunicación, el aprendizaje de los nuevos conocimientos, etc.

Con la realización adecuada de un seguimiento formativo:

- Se pueden **descubrir errores o desajustes** en el proceso de enseñanza-aprendizaje antes de que se realice la evaluación final para comprobarlos.
- Se pueden **corregir los errores** en el momento en el que se están produciendo.
- Además, **se detectan los aspectos positivos** que tienen lugar a lo largo de todo el proceso y las **posibles mejoras** que se pueden realizar.

El seguimiento formativo tiene que ser realizado por todas las personas que están implicadas en la realización de los cursos de formación (tutores, coordinadores, técnicos, etc.), por ello, el formador es una figura importante en el proceso de formación, ya que se encuentra implicado en él.

El proceso de formación debe estar planificado, pensado y planteado antes de que empiece la acción de formación, nunca debe llevarse a cabo de manera cerrada, sino que tiene que estar abierto a cualquier cambio que se considere necesario.

9.2. Finalidad

Son varias las finalidades que persigue el seguimiento formativo:

- Ayudar a comprender por qué ocurren algunas cosas y qué se puede hacer para intervenir en ese proceso que se está llevando a cabo.
- Identificar y solucionar los problemas que surgen a lo largo del proceso.
- Contribuir para elaborar planes de formación de manera objetiva, sin desviarse de la finalidad éste.
- Colaborar en la disminución y control del uso de los recursos materiales.
- Determinar el nivel que puede alcanzar el rendimiento y relacionarlo con el rendimiento actual.
- Diagnosticar y detectar problemas para llevar a cabo las acciones correctivas pertinentes.

9.3. Planificación

El seguimiento formativo debe planificarse antes y durante la acción formativa.

El objetivo de este seguimiento es comprobar la eficacia de la acción formativa antes de que ésta llegue a su fin, es decir, es necesario que durante este proceso todos los elementos que van a formar parte del aprendizaje estén planificados.

Los dos momentos que hay que tener en cuenta para planificar el seguimiento formativo son:

- **Antes de la acción formativa:** es necesario conocer las necesidades, el perfil del alumno, qué materiales, instrumentos, recursos, medios didácticos se van a usar.

■ **Durante la acción formativa:** aquí el seguimiento se utiliza para comprobar los posibles errores y mejoras que se pueden llevar a cabo. Ofrece la posibilidad de poder modificar aquellas acciones o medios que dificultan el avance del aprendizaje.

10. Instrumentos para el seguimiento

A lo largo de un ciclo formativo pueden suceder errores y surgir problemas, esto abarca desde la identificación de necesidades hasta la planificación, el diseño, la implantación y la evaluación. Por todo esto, es importante saber cuál es la causa del problema y saber tomar las medidas oportunas para que no se origine nuevamente.

Para detectar el origen del problema, siempre se necesita una información determinada, ésta sólo se puede obtener mediante técnicas que ayuden a obtenerlas, es decir, que permitan recabar y analizar los datos obtenidos.

Para el seguimiento del proceso de enseñanza-aprendizaje, se pueden confeccionar diferentes tipos de instrumentos de evaluación, como pueden ser los cuestionarios y utilizar la observación directa, etc., si el tipo de formación lo permite (presencial o semipresencial). Estos instrumentos variarán según el tipo de datos que se quiera conseguir.

Un ejemplo de plantilla para recoger y analizar la información podría ser esta:

CURSO:		1º Módulo	2º Módulo	3ºMódulo
Objetivos del módulo	Suficiente			
	Insuficiente			
	Adecuado			
	Inadecuado			

Continúa en página siguiente >>

<< Viene de página anterior

CURSO:		1º Módulo	2º Módulo	3ºMódulo
Contenidos del módulo	Suficiente			
	Insuficiente			
	Adecuado			
	Inadecuado			
Metodología	Suficiente			
	Insuficiente			
	Adecuado			
	Inadecuado			
Actividades y recursos	Suficiente			
	Insuficiente			
	Adecuado			
	Inadecuado			
Recursos materiales	Suficiente			
	Insuficiente			
	Adecuado			
	Inadecuado			
Recursos humanos	Suficiente			
	Insuficiente			
	Adecuado			
	Inadecuado			
Proceso de evaluación	Suficiente			
	Insuficiente			
	Adecuado			
	Inadecuado			
Nivel de satisfacción del alumnado	Suficiente			
	Insuficiente			
	Adecuado			
	Inadecuado			

Para el seguimiento del aprendizaje, como la información que se obtiene es de diferente índole, se recogerá mediante la aplicación de las técnicas seleccionadas y elaboradas para la evaluación de cada uno de los aspectos planteados (observación directa de los trabajos, participación, cuestionarios acerca de la motivación y satisfacción del alumnado, etc.).

Por ejemplo, los contenidos que se podrían incluir en la "parrilla" de análisis son los siguientes:

CURSO		1er Módulo	2° Módulo	3er Módulo
Conceptos (comprende los contenidos conceptuales)	Con facilidad			
	Con normalidad			
	Con dificultad			
Procedimientos (aplica y desarrolla los contenidos procedimentales)	Con facilidad			
	Con normalidad			
	Con dificultad			
Actitudes (manifiesta las actitudes adecuadas a los contenidos)	Con facilidad			
	Con normalidad			
	Con dificultad			
Motivación y participación	Con facilidad			
	Con normalidad			
	Con dificultad			
Satisfacción del alumno	Con facilidad			
	Con normalidad			
	Con dificultad			

Dos de las herramientas básicas son:

- **Los diagramas de flujo:** éstos sirven para desglosar en forma de componentes, para presentar una clara imagen de lo que ocurre.
- **Los checklists:** éstos son especialmente útiles para garantizar que se han realizado todas las acciones necesarias. Es otro método de ayuda orientado a los formadores y participantes para preparar, utilizar y solucionar los problemas del equipamiento.

Otros métodos de seguimiento y control que pueden ayudar en la formación son:

- Las reuniones formales e informales.
- Pasar un informe de las sesiones, cuestionarios de satisfacción o formularios de evaluación del curso.
- Entrevistas de evaluación.

 **Recuerde**

Algunos de los instrumentos de seguimiento más utilizados son:

I Cuestionario de satisfacción
I Cuestionario de motivación
I Observación directa
I Reuniones formales e informales
I Entrevistas de evaluación

11. Metodología de la evaluación del diseño de formación

Los métodos empleados en la evaluación siempre suelen son los mismos, independientemente de que se evalúen los objetivos, los contenidos, los recursos, etc. A pesar de esto, hay que tener en cuenta que no se deben utilizar todos los métodos que se van a nombrar, sino que todo dependerá de lo que se esté evaluando.

Los métodos más frecuentes son:

- Observación sistemática.
- Observación mediante observadores externos o internos del grupo.
- Análisis de trabajo.
- Entrevistas personales.
- Situaciones de simulaciones.

- Diálogos, debates.
- Cuestionarios específicos.
- Inventarios.
- Grabaciones en vídeo.
- Etc.

11.1. Evaluación de los objetivos

Cuando se diseña el programa formativo, se deben concretar los objetivos que serán objeto de evaluación al finalizar el curso, para comprobar si éstos se han alcanzado o no.

Los objetivos marcan aquellos aspectos claves que debe adquirir el alumno para alcanzar unas competencias determinadas. Éstos determinarán lo que el alumno será capaz de saber y saber hacer al acabar el curso, en unas condiciones dadas y con unos medios determinados.

Si, al finalizar el curso, se observa que los objetivos no se han cumplido en su totalidad, hay que analizar cuál ha sido la causa de este error y corregirlos. Si se han cumplido los objetivos, habrá que determinar los motivos de éxito, para volver a ponerlos en práctica en futuros cursos.

Los objetivos marcados al inicio de la formación sirven para:

- Dirigir la formación, es decir, saber hacia dónde se quiere llegar con ésta.
- Comprobar qué se ha logrado.
- Facilitar la evaluación, ya que se sabe cuáles son los objetivos que hay que evaluar.
- Reorientar la formación en el mismo momento que se está realizando.
- Elegir los métodos más adecuados para la formación.

La evaluación de los objetivos debe medirse atendiendo a:

- **Objetivos generales:** son utilizados para saber cuáles son las competencias generales.
- **Objetivos específicos:** parten de los objetivos generales.

■ **Objetivos operativos:** son derivados de los específicos. Son objetivos más concretos y siempre deben estar relacionados con actividades u operaciones determinadas. Son los más fáciles de medir.

 **Ejemplo**

Objetivos específicos para evaluar un curso de primeros auxilios:

❚ Aprender los conceptos básicos y generales de los primeros auxilios.
❚ Adquirir las habilidades y aplicar los principios de actuación para poder reaccionar adecuadamente en situaciones de urgencia.
❚ Conocer los aspectos jurídicos relacionados.

11.2. Evaluación de los contenidos

La evaluación de los contenidos se realizará para comprobar si los objetivos que se habían marcado al principio de la formación se han logrado, así como para eliminar aquellos contenidos que no aportan nada al curso.

Se debe tener siempre en cuenta que se puede lograr un mismo objetivo de formación utilizando diversos contenidos.

Para evaluar los contenidos, hay que comprobar si se ha seguido una secuencia lógica a la hora de impartirlos. Esta secuencia permite que los contenidos sean adquiridos por los alumnos de una manera más significativa, es decir, facilita el aprendizaje de los mismos.

Para que la evaluación de los contenidos resulte positiva, éstos deben ir expuestos:

■ De acuerdo con los objetivos propuestos y con los plazos previstos para conseguirlos.
■ De lo conocido a lo desconocido.

- De lo inmediato a lo remoto.
- De lo concreto a lo abstracto.
- De lo fácil a lo difícil.

Otro aspecto a tener en cuenta para que la evaluación de los contenidos sea positiva, es que éstos se deben estructurar adecuadamente, por ejemplo, mediante módulos, unidades didácticas, etc. Éstas tienen que abarcar los conocimientos, las habilidades y las actitudes que capacitan al alumno para poner en práctica las funciones que desempeñará en su puesto de trabajo. Por lo general, se pueden constituir equivalencias entre objetivos generales y cursos, objetivos específicos y módulos, unidades didácticas, etc. así como entre objetivos operativos y sesión formativa,.

 Ejemplo

Siguiendo el ejemplo anterior de primeros auxilios, los contenidos que se evaluarán para comprobar si se han logrado o no los objetivos anteriormente propuestos, son:

- Primeros auxilios: conceptos generales.
- Soporte vital básico (reanimación cardio-pulmonar)-adultos.
- Soporte vital básico-niños.
- Soporte vital instrumental.
- Traumatismos osteoarticulares. Inmovilizaciones (vendajes y férulas improvisadas).
- Movilización de urgencia y posiciones de espera.
- Traumatismos craneales y vertebro-medulares.
- Otras situaciones de emergencia.

11.3. Evaluación de la metodología

La evaluación de la metodología consiste en comprobar que los métodos que se han utilizado son los adecuados para lograr los objetivos formativos, aunque éstos deben ser flexibles a la hora de utilizarlos, ya que deben adaptarse a la materia tratada, a los alumnos, a los recursos disponibles, etc.

Para conseguir que la evaluación de la metodología sea positiva, se deben tener en cuenta las características que se emplean para definir un método. Éstas pueden ser:

- Presentar y mostrar la problemática del tema para que, a través de la reflexión y el esfuerzo, el alumno pueda resolverla.
- Respetar tanto la libertad de expresión como de creación.
- Las actividades que están destinadas al alumno tienen que ser dirigidas por el formador para que el alumno reflexione y participe.
- Motivar al alumno, relacionando los temas con sus intereses, motivaciones y necesidades.
- Organizar los nuevos aprendizajes para que se integren con los ya adquiridos.
- Tener en cuenta las limitaciones y las posibilidades que tiene cada alumno.
- Dar lugar a la acción individualizada a través de tareas que requieran planteamientos y acciones individualizadas.

11.4. Evaluación de actividades y recursos

Las **actividades** son unos elementos que acompañan a los contenidos formativos, ya que éstas refuerzan los contenidos que son expuestos por el formador. Siempre debe existir coordinación entre ambos, para esto se deben seleccionar adecuadamente tanto los métodos como las técnicas.

Para evaluar las diversas actividades que se han desarrollado, hay que formular una serie de preguntas para saber si las actividades han sido eficaces o han fallado en su ejecución. Algunas de estas preguntas pueden ser:

- ¿Qué ha hecho el alumno?
- ¿Ha sabido aplicar los conocimientos necesarios para lograr resolver las actividades?
- ¿Valora y comprende la finalidad de la actividad?
- ¿Ha mostrado interés en la realización de la misma?
- ¿Qué ha aprendido?
- ¿Han sido válidas las actividades?

- ¿Cuáles han fallado? ¿Por qué?
- ¿Se han alcanzado los objetivos?
- Etc.

Junto con las actividades, los recursos también tienen que ser evaluados, ya que de ellos va a depender en cierta manera la eficacia de las actividades. Por eso, en la evaluación de los recursos hay que tener en cuenta la eficacia de aquellos que se han utilizado y cuáles son los que se hubieran necesitado para desarrollar el curso.

Se pueden distinguir varios criterios para evaluar la eficacia de los recursos:

- Su calidad, porque actúa como mediador entre la realidad y la estructura cognitiva del alumno.
- El contexto metodológico, ya que todo va a depender de la metodología usada por el formador.
- Los propios alumnos, sus motivaciones, intereses, etc.
- La experiencia del formador en el manejo de los diversos recursos, sus habilidades, etc.

También es necesario tener en cuenta qué evaluar de los recursos:

- La rentabilidad de éstos.
- El aprovechamiento para distintas finalidades.
- El mantenimiento.
- La actualización, deben adaptarse a las nuevas tecnologías.
- La adecuación al proceso de enseñanza-aprendizaje.
- Posibilitar la acción, estimular y responder a las curiosidades presentes en el alumnado.

11.5. Evaluación del formador

La figura del formador es muy importante a lo largo de todo el proceso formativo, ya que, en cierta manera, el éxito o el fracaso de la formación recae sobre él, por lo tanto, es imprescindible conocer previamente a la persona que va a impartir un curso.

El formador es el mediador entre los contenidos y los alumnos, por lo que debe evaluarse de forma continua y a lo largo de todo el proceso de enseñanza-aprendizaje, así como al final del proceso, momento en que se comprobará si los métodos y estrategias que ha diseñado y utilizado han sido los adecuados, introduciendo posibles modificaciones para las prácticas futuras.

La evaluación del formador se puede realizar desde varias vertientes, en cada una de ellas se evalúan aspectos diferentes, pero todas persiguen el mismo fin, que es fomentar la calidad de la formación.

Evaluación realizada por los alumnos

Los alumnos pueden evaluar aspectos como la relación del formador con los alumnos, la organización de las sesiones, el control de clase, la efectividad de la enseñanza, etc.

En la siguiente tabla se muestra un cuestionario a modo de ejemplo:

Marque la opción que más se adecúe a las características que prevalecieron a lo largo del curso

1. Las oportunidades que tuve para realizar preguntas en clase fueron:
   a. Frecuentes
   b. Regulares
   c. Escasas
   d. Muy escasas

2. El interés que mostró el formador respecto a los alumnos fue:
   a. Satisfactorio
   b. Regular
   c. Poco
   d. Muy pobre

3. El clima existente en el aula fue:
   a. Bueno
   b. Regular
   c. Tenso
   d. Malo

Continúa en página siguiente >>

<< Viene de página anterior

**Marque la opción que más se adecúe a las características
que prevalecieron a lo largo del curso**

4. En la prueba final se evaluaban los contenidos dados a lo largo del curso:
   a. Sí
   b. No

5. El material presentado en el curso fue:
   a. Original
   b. Poco original
   c. Nada original

6. Las actividades que realicé para asimilar los contenidos fueron:
   a. Útiles
   b. Regulares
   c. Pobres
   d. Inútiles

7. El contenido marcado para el curso se expuso en su totalidad:
   a. Sí
   b. No

8. El grupo de alumnos afectó a mi aprendizaje:
   a. De manera positiva
   b. De manera negativa
   c. No me afectó

9. El material audiovisual me pareció:
   a. Atractivo
   b. Regular
   c. Inadecuado

10. Los procesos, problemas y soluciones experimentados en el trabajo en grupo fueron:
    a. Bien planteados
    b. Regular planteados
    c. Mal planteados

11. Las exposiciones por parte del docente me parecieron:
    a. Buenas
    b. Regulares
    c. Malas

Continúa en página siguiente >>

<< Viene de página anterior

Marque la opción que más se adecúe a las características que prevalecieron a lo largo del curso

---

12. La actuación del profesor durante el curso evidenció:
    - a. Un elevado conocimiento de la materia
    - b. Un mediano conocimiento
    - c. Un escaso conocimiento

---

13. El profesor supo controlar las conductas perturbadoras sucedidas a lo largo del curso de forma:
    - a. Eficaz
    - b. Regular
    - c. Ineficaz

---

14. El ritmo que siguió el profesor al exponer los contenidos me pareció:
    - a. Muy bueno
    - b. Satisfactorio
    - c. Monótono

---

15. La secuencia de presentación de los contenidos del curso fue:
    - a. Lógica
    - b. Regular
    - c. Arbitraria

---

16. La actuación del profesor despertó interés y motivación:
    - a. Muchas veces
    - b. Algunas veces
    - c. Pocas veces
    - d. Ninguna vez

Evaluación realizada por el propio formador

En esta evaluación, el formador va a evaluar la preparación del curso, el desarrollo del mismo, y también realizará una evaluación propia de su actuación como formador.

En la siguiente tabla se muestra un cuestionario a modo de ejemplo:

Marque la opción que más se adecúe a las características que prevalecieron a lo largo del curso

A. PREPARACIÓN DEL CURSO

1. ¿Cómo ha sido el tiempo con el que ha contado?
   a. Suficiente
   b. Insuficiente

¿Por qué? _____

2. ¿Cómo considera la distribución de las sesiones del curso?
   a. Adecuadas
   b. Inadecuadas

¿Por qué? _____

3. ¿Ha dispuesto de las guías didácticas del curso?
   a. Sí
   b. No

¿Por qué? _____

4. ¿Ha dispuesto de los recursos necesarios para la preparación de sus sesiones?
   a. Sí
   b. No

¿Cuáles le han hecho falta? _____

5. Teniendo en cuenta su nivel de formación, ¿ha necesitado apoyo por parte de la dirección del curso?
   a. Sí
   b. No

¿Cómo ha sido el apoyo? _____

B. DESARROLLO DEL CURSO

6. ¿El desarrollo de las sesiones (distribución y tiempo) se ha correspondido con la planificación prevista?
   a. Sí
   b. No

7. ¿La metodología utilizada para el desarrollo de las sesiones ha propiciado la participación e implicación del alumnado?
   a. Sí
   b. No

¿Por qué? _____

Continúa en página siguiente >>

<< Viene de página anterior

Marque la opción que más se adecúe a las características que prevalecieron a lo largo de curso

---

8. ¿Considera que el clima del curso ha sido el adecuado?
   a. Sí
   b. No

¿Por qué? _____

9. ¿El contexto donde se ha desarrollado el curso ha sido adecuado y oportuno?
   a. Sí
   b. No

¿Por qué? _____

10. ¿Ha conseguido los objetivos propuestos?
   a. Sí
   b. No

¿Por qué? _____

C. AUTOEVALUACIÓN

---

11. Evalúe de 1 a 4 los siguientes apartados relacionados con su intervención como formador, donde:
   1. Considero imprescindible mejorar mi formación en este aspecto.
   2. Considero necesario mejorar mi formación en este aspecto.
   3. Cuento con recursos necesarios para el desarrollo ajustado del curso, pero podría encontrar dificultades si éste cambia el rumbo prefijado.
   4. Mi formación al respecto es adecuada y dispongo de recursos suficientes para el desarrollo óptimo del curso.

	1	2	3	4
Dominio de los contenidos				
Metodología/didáctica empleada				
Comunicación con el alumnado				
Trabajo en equipo				

D. AMPLIACIÓN

Puede anotar a continuación cualquier aportación que desee realizar y no haya sido considerada en este cuestionario.

_____

_____

11.6. Tipos de evaluación

Existen diferentes tipos de evaluación, cada una se aplicará atendiendo a diferentes criterios.

Según su finalidad o función de la evaluación

Diagnóstica

Esta evaluación, como su nombre indica, tiene un carácter diagnóstico, ya que permite que se conozcan las potencialidades del alumno. De esta manera, la actividad didáctica se dirige de forma más efectiva.

Formativa

Se utiliza como estrategia para mejorar y ajustar los procesos formativos en el momento que se están llevando a cabo, para alcanzar las metas y los objetivos marcados. La evaluación formativa es aplicable a la evaluación de procesos.

Sumativa

Se aplica a la evaluación de productos terminados, es decir, se sitúa concretamente cuando finaliza un proceso, cuando éste se considera acabado. Su propósito es determinar el grado en que se han conseguido los objetivos establecidos, para evaluar de forma positiva o negativa el resultado. Esta evaluación permite tomar medidas tanto a medio como a largo plazo.

Según el momento de aplicación de la evaluación

Inicial

Se produce al principio del proceso de enseñanza-aprendizaje. La función que tiene la evaluación inicial es identificar el nivel de conocimientos que tienen los alumnos que inician un curso y, de esta manera, comprobar si los alumnos cuentan con los conocimientos necesarios para comenzarlo, y determinar si es posible impartirlo de acuerdo al programa formativo o si se requiere alguna modificación.

Procesual

La evaluación procesual se basa en valorar, de forma continua, el aprendizaje de los alumnos y la enseñanza del profesor, a través de la recogida sistemática de datos, toma de decisiones, etc.

La evaluación procesual es totalmente formativa, ya que, al favorecer la recogida continua de datos, permite tomar decisiones en el mismo momento que se considere necesario.

Los resultados que se obtienen forman la base permanente para el formador a la hora de programar las actividades diarias, así como para establecer las actividades y los procedimientos más apropiados. De esta manera, se evitan las dificultades que se puedan producir en los aprendizajes que se están llevando a cabo. La finalidad de todo esto es evitar errores y vacíos en los aprendizajes posteriores.

Final

La evaluación final es aquella que se realiza al finalizar la formación, por lo tanto ésta recoge y valora los resultados obtenidos a lo largo de un periodo formativo.

Según su extensión

Global

Tiene en cuenta todos los elementos y procesos que guardan relación con todo lo que es objeto de evaluación. Por ejemplo, si se trata de evaluar el proceso de aprendizaje de los alumnos, esta evaluación se centra en todas las áreas en general, pero sobre todo en los diversos tipos de contenidos de enseñanza (conceptos, procedimientos, valores, normas, etc.).

Parcial

Esta evaluación no se realiza de manera global, sino que se lleva a cabo por partes, es decir, evalúa los componentes que más interesan.

Según los agentes que realizan la evaluación

Autoevaluación o evaluación interna

Es el proceso sistemático mediante el cual una persona o grupo examina y valora sus procedimientos, comportamientos y resultados, para identificar qué quiere corregir o modificar en él. La evaluación interna muestra que los alumnos están más motivados a la hora de realizar una tarea difícil. La puesta en práctica de la autoevaluación no conlleva que el profesorado abandone sus funciones, sino que implica una concepción diferente de la enseñanza.

La autoevaluación ofrece al estudiante ayuda para descubrir sus necesidades, cantidad y calidad de su aprendizaje, causas de sus problemas, dificultades y éxitos en el estudio. De esta manera, el alumno puede conocerse de manera más concreta.

Heteroevaluación o evaluación externa

La evaluación externa es realizada o llevada a cabo por otra persona que no es el protagonista del aprendizaje. En esta evaluación, lo más frecuente es que el profesor evalúe al alumno.

TIPOS DE EVALUACIÓN

Según su finalidad o función	- Diagnóstica - Formativa - Sumativa

---

Continúa en página siguiente >>

<< Viene de página anterior

TIPOS DE EVALUACIÓN

Según su momento de aplicación	- Inicial - Procesual - Final
Según su extensión	- Global - Parcial
Según los agentes que la realizan	- Autoevaluación o evaluación interna - Heteroevaluación o evaluación externa

Solucionarios de ejercicios de repaso y autoevaluación

Contenido

Solucionario 1

Instalación y configuración del software de servidor Web

Solucionario Capítulo 1

1. **Si tuviera que montar un servidor sobre un sistema operativo Linux, ¿qué distribución de Linux escogería y de qué dependería esa elección?**

   Cualquier distribución Linux es capaz de proporcionar el entorno apropiado para un servidor. Sin embargo, existen algunas distribuciones que surgen principalmente para convertirse en sistemas de servidores. Los dos casos principales son:

   ▪ Red Hat Enterprise: es el sistema operativo para servidores por excelencia de la línea Linux. No se trata de la más excitante de las distribuciones pero sí la más fiable. Actualmente, la última versión es RHLE 6, con 8 ediciones (6 para servidores):

   - RHEL for Server
   - RHEL for HPC Head Node
   - RHEL for HPC Compute Node
   - RHEL for IBM System z
   - RHEL for SAP Business Applications
   - RHEL Workstation
   - RHEL Desktop

   ▪ CentOS: su meta es la de producir un sistema operativo de calidad a nivel empresarial. Es una distribución FOSS (Free and Open Source Software). La principal característica de CentOS es que es un clon de Red Hat Enterprise. Los voluntarios toman el código fuente de RHE, retiran las marcas registradas y rescatan el software recopilándolo en CentOS.

2. **Durante mucho tiempo se estuvo investigando en descripciones conceptuales de comunicación entre elementos de una red, con el fin de elaborar un modelo de referencia que fuera lo suficientemente genérico para usarlo como base en la creación de protocolos reales de comunicación para cualquier tipo de red. ¿Cuál fue el resultado de ese esfuerzo?**

   a. Modelo TCP.
   b. **Modelo OSI.**
   c. Modelo ISO.
   d. Modelo Genérico.

3. ¿Cuál es el nivel que se encarga de la "Determinación de ruta"?

    a. Nivel de Sesión.
    b. Nivel Físico.
    c. Nivel de Equipo.
    d. Nivel de Red.

4. Existen dos mecanismos de funcionamiento interno en la capa de Red. ¿Cuáles son?

    a. Datagramas y circuitos virtuales.
    b. Datagramas y reserva de recursos.
    c. Trama y paquete.
    d. Todas las respuestas anteriores son incorrectas.

5. Complete los siguientes enunciados:

ARPA decide investigar y desarrollar un conjunto de protocolos que resuelva estos inconvenientes, y es entonces cuando surge **TCP/IP**.

TCP (Transmission Control Protocol) es el protocolo de transporte más usado por las aplicaciones. Se utiliza para proporcionar una comunicación libre de **errores.**

UDP es un protocolo no orientado a la conexión, lo que significa que no hace falta un diálogo entre el origen y el destino previo al envío del mensaje.

6. ¿Qué tipos de direccionamiento IP existen?

Existen cinco tipos de direcciones IP:

▪ Clase A. Son direcciones que usan 7 bits para identificar la red y 24 bits para la máquina dentro de la red. Esto permite 126 redes distintas, cada una con 16777214 máquinas en cada red. El rango de direcciones va de 1.0.0.0 a 127.255.255.255.
▪ Clase B. Son direcciones que usan 14 bits para identificar la red y 16 bits para la máquina dentro de la red, lo que permite 16382 redes distintas cada una con 65534 máquinas. El rango de direcciones va de 128.0.0.0 a 191.255.255.255.
▪ Clase C. Son direcciones que usan 21 bits para identificar la red y 8 bits para la máquina dentro de la red. Se permiten 2097150 redes distintas

con 254 máquinas cada una. El rango de direcciones va de 192.0.0.0 a 223.255.255.255.

I Clase D. Estas direcciones son reservadas para multicasting (envío de un mismo paquete a todos los equipos que se encuentran en la red definida por la dirección IP dada). El rango de direcciones va de 224.0.0.0 a 239.255.255.255.

I Clase E. Son reservadas para uso futuro o experimental. El rango de direcciones va de 240.0.0.0 a 255.255.255.255.

7. ¿Qué es un socket?

Un socket es un punto final de comunicación, se trataría como un punto de acceso que permite la comunicación.

8. ¿Qué es un puerto?

Para conseguir establecer la comunicación entre aplicaciones es necesario conocer no solo el dispositivo al que hay que conectarse sino además hace falta saber qué programa, de todos los que en ese momento están en ejecución, puede responder a esa comunicación. Esto se consigue con el concepto de puerto, y es manejado a nivel de la capa de transporte de TCP/IP. En concreto, cada aplicación que puede recibir comunicación de la red se asigna a un puerto, de forma que si llegan datos a ese puerto, la capa de transporte devolverá esos datos a la aplicación correspondiente.

9. ¿Cuál es la principal diferencia entre UDP y TCP?

a. UDP es orientado a la conexión y TCP no lo es.
b. TCP es orientado a la conexión y UDP no lo es.
c. TCP pertenece a la capa de transporte y UDP a la de red.
d. Todas las respuestas anteriores son incorrectas.

10. Señale si las siguientes afirmaciones son verdades o falsas:

a. IP es el protocolo que se encarga del enrutamiento de los datagramas entre dos redes que no se encuentran en la misma ubicación geográfica.

☑ **Verdadero**
☐ Falso

b. ICMP es un protocolo de la capa de Internet pero tiene la particularidad de que no depende directamente del protocolo IP.

☐ Verdadero
☑ **Falso**

c. Ping es una utilidad para conectar varios equipos en red.

☐ Verdadero
☑ **Falso**

d. Tracert envía paquetes ICMP para capturar la información de los nodos intermedios.

☑ **Verdadero**
☐ Falso

11. ¿Qué es la arquitectura distribuida?

a. Modelo que siguen los sistemas distribuidos en el que todos los nodos pueden actuar como emisores pero no como receptores a la vez.
b. Modelo que siguen los sistemas no distribuidos en el que todos los nodos pueden actuar como emisores y receptores a la vez.
c. Modelo que siguen los sistemas distribuidos en el que todos los nodos pueden actuar como emisores y receptores a la vez.

12. Señale si las siguientes afirmaciones son verdaderas o falsas:

a. Un servidor puede dar soporte a múltiples clientes.

☑ **Verdadero**
☐ Falso

b. Los procesos clientes y servidor pueden ejecutarse en el mismo nodo.

☑ **Verdadero**
☐ Falso

c. El proceso servidor proporciona la interacción con el usuario y el resto del sistema, mientras que el cliente gestiona los recursos compartidos.

☐ Verdadero
☑ **Falso**

d. La relación entre los clientes y los servidores se limita a la comunicación del mensaje.

☑ **Verdadero**
☐ Falso

13. ¿Qué es el modelo cliente/servidor?

El modelo cliente/servidor es un sistema distribuido que es evolución de un tipo de arquitectura centralizada, aunque sin llegar a serlo del todo. En este modelo, los nodos son procesos, entendidos como aplicaciones independientes.

14. ¿Cuál es el tercer protagonista que aparece en la evolución de una arquitectura cliente/servidor?

El middleware. Se trata de un módulo o capa intermedia entre los clientes y los servidores.

15. ¿Qué objetivos debe cumplir un sistema distribuido?

Los objetivos que debe cumplir un sistema distribuido son:

∎ Facilitar el acceso de los usuarios a ciertos recursos remotos.
∎ Proporcionar transparencia de distribución.
∎ Soportar interconexión con otros sistemas.
∎ Proporcionar escalabilidad al sistema.

Solucionario Capítulo 2

1. ¿Cuál es el objetivo principal de HTTP?

Que el cliente sea capaz de solicitar una página web al servidor, independientemente de la representación interna que pueda tener dicha página.

2. Marque con una X las características correctas de HTTP:

X	HTTP está construido sobre el protocolo TCP.
	Es un protocolo con estado.
	No admite la transferencia de objetos multimedia.
X	Se usa la codificación US-ASCII de 7 bits para componer los mensajes.
X	Las peticiones se realizan sobre recursos URI.
	Las comunicaciones no son orientadas a la conexión.

3. ¿Cuál de las siguientes líneas corresponde a una petición HTTP válida?

a. **GET http://www.google.com HTTP/1.1**
b. GET www.google.com HTTP 1.1
c. HTTP/GET http://www.google.com HTTP/1.1
d. http://www.google.com HTTP/1.1

4. ¿Cuál de las siguientes líneas corresponde a una respuesta HTTP válida?

a. HTTP/1.1 1200 OK
b. HTTP 1.1 001
c. **HTTP/1.1 200 OK**
d. Todas las respuestas anteriores son incorrectas.

5. **Complete los siguientes enunciados:**

   Existen siete operaciones o métodos que se pueden solicitar a un servidor http: **OPTIONS, GET, HEAD, POST, PUT, DELETE y TRACE.**

   GET Es un método que se usa para obtener alguna información. Esa información suele ser un recurso **URI.**

   HEAD es el mismo método que GET excepto que el servidor no devuelve el **recurso** en la respuesta.

6. **Existen cinco grandes grupos de estados, identificados por el primer dígito del número de estado. Relacione los siguientes enunciados.**

   a. Estados 1xx
   b. Estados 3xx
   c. Estados 2xx
   d. Estados 4xx
   e. Estados 5xx

   c. Son estados de éxito.
   a. Son estados informativos.
   d. Son estados de error en el cliente.
   e. Son estados de error en el servidor.
   b. Son estados de redirección.

7. **¿Qué indica el código de estado 200 devuelto por el servidor?**

   a. El servidor ha realizado la petición de un GET parcial.
   b. **Operación realizada correctamente.**
   c. Este código está reservado para uso futuro.
   d. El recurso solicitado debe ser accedido a través del proxy.

8. ¿Qué indica el código de estado 404 devuelto por el servidor?

    a. El servidor no encuentra el recurso URI especificado en la petición.
    b. El servidor se encuentra en una condición no esperada que no permite completar la petición.
    c. El servidor no soporta, o rechaza, la versión del protocolo enviada en la petición.
    d. El cliente debe continuar con su petición.

9. ¿Cuál es la principal diferencia entre GET y POST?

    a. POST puede tener efectos colaterales y GET no debe.
    b. POST no puede tener efectos colaterales y GET no debe.
    c. POST puede tener efectos colaterales y GET no puede.
    d. POST no debe tener efectos colaterales y GET puede.

10. Señale si las siguientes afirmaciones son verdades o falsas:

    a. Host es una cabecera de petición que especifica el host y el número de puerto del recurso que está siendo solicitado.

        ☑ **Verdadero**
        ☐ Falso

    b. User-Agent es una cabecera de petición que contiene información acerca del agente de usuario que origina la petición.

        ☑ **Verdadero**
        ☐ Falso

    c. Allow es una cabecera de entidad que especifica el lenguaje natural de la audiencia a la que se destina la entidad adjunta.

        ☐ Verdadero
        ☑ **Falso**

d. Content-Length es una cabecera de entidad que indica el tipo de objeto multimedia que es enviado en el cuerpo de la entidad.

☐ Verdadero
☑ **Falso**

11. ¿Cuál es la codificación usada en la transmisión de los mensajes HTTP?

a. **US-ASCII de 7 bits.**
b. US-ASCII de 8 bits.
c. Base64.

12. Señale si las siguientes afirmaciones son verdaderas o falsas:

a. 7 bit es un método de codificación para HTTP.

☑ **Verdadero**
☐ Falso

b. Quoted-printable se usa para codificar únicamente las cabeceras de los mensajes HTTP.

☐ Verdadero
☑ **Falso**

c. Base64 es un sistema de codificación de binario a texto.

☑ **Verdadero**
☐ Falso

d. Los MIME son especificaciones dirigidas al intercambio de todo tipo de archivos.

☑ **Verdadero**
☐ Falso

13. **Identifique correctamente cada uno de estos mensajes HTTP, eligiendo si se trata de una petición o una respuesta.**

PETICIÓN	OPTIONS * HTTP/1.1
RESPUESTA	HTTP/1.1 200 OK
RESPUESTA	HTTP/1.1 403 Forbidden
PETICIÓN	GET /favicon.ico HTTP/1.1
RESPUESTA	HTTP/1.1 204 No Content
PETICIÓN	POST /cgi/saludar.pl HTTP/1.0

14. **Explique para qué sirve el campo de cabecera WWW-Authenticate.**

Debe ser incluido en las respuestas con código 401 (Unauthorized). El valor de este campo consiste en al menos una referencia que indica el esquema de autenticación y parámetros aplicables a la petición URI.

15. **Explique para qué sirve el campo de cabecera Transfer-Encoding.**

Es el campo que especifica el tipo de codificación que se ha realizado sobre el cuerpo del mensaje para una transferencia segura entre el emisor y el receptor.

Solucionario Capítulo 3

1. ¿Qué es un servidor web?

Es un programa que se ejecuta continuamente en un ordenador, manteniéndose a la espera de peticiones HTTP por parte de un cliente (un navegador web) y que responde a estas peticiones adecuadamente, mediante una página web que se exhibirá en el navegador o mostrando el respectivo mensaje si se detectó algún error.

2. Marque con una X cuáles de estos enunciados corresponden a parámetros de funcionamiento de un servidor web:

	Respuestas HTTP
X	Puerto TCP
X	Autorización de SSL
X	Número máximo de procesos web concurrentes
	Configuración del navegador de un agente de usuario
	Comunicaciones orientadas a la conexión

3. ¿Cuál de los siguientes enunciados corresponde a una característica de Apache?

    a. Se basa en un diseño no modular.
    b. Es un proyecto libre y de código abierto.
    c. Solo es ejecutable en Linux.
    d. Solo dispone de dos módulos de configuración.

4. ¿Cuál de los siguientes enunciados corresponde a una característica de IIS?

    a. Limitación de CPU.
    b. Limitación de NUMA.
    c. Identificación del usuario.
    d. Restricción a nivel de aplicación.

5. Complete los siguientes enunciados:

Nginx es recomendable para sitios de Internet que necesiten velocidad y eficiencia mostrando contenido **estático**.

Cherokee es un excelente servidor web **gratuito, multiplataforma y de código abierto.**

Servidor web diseñado con el objetivo de ofrecer un servicio rápido, seguro, flexible, y fiel a los **estándares**.

6. Ordene la secuencia de pasos que ocurren en un servidor web:

    a. Espera peticiones en el puerto 80 de TCP.
    b. Busca el recurso.
    c. Vuelve al segundo punto.
    d. Recibe una petición.
    e. Envía el recurso utilizando la misma conexión por la que recibió petición.

El orden correcto sería: a, d, b, e, c.

7. ¿Cuáles de estas funciones pueden ser habituales en un servidor web?

    a. Reinicio de los procesos en el sistema operativo.
    b. Registro de actividades y errores.
    c. Alias o mapeados de rutas.
    d. Un navegador para ejecutar scripts.

8. ¿Qué hace falta para elegir la cantidad de memoria RAM para un servidor web?

Para determinar la memoria RAM es necesario, sobre todo, comprobar cuánto consume nuestro servidor web, módulos configurados y aplicaciones de servidor que van a ser ejecutadas por cada petición que realice un cliente. El uso de tecnología web del lado del servidor (PHP, base de datos, etc.) va a provocarán un consumo mayor de memoria, por lo que igual que en el caso del procesador, se necesita hacer un estudio previo y determinar cuáles van a ser las características que vamos a implementar en nuestro servidor, así como las características de nuestro sitio web.

9. ¿Cuál de estas afirmaciones es correcta?

    a. Elija una RAID 7 para aplicaciones que requieran de una "red de seguridad".

    b. La RAID 5 está diseñada para ofrecer el nivel de rendimiento de una RAID 0 con una redundancia más económica.

    c. RAID 0 es la peor opción cuando es primordial obtener un mayor rendimiento.

    d. Una RAID 6 divide o reparte los datos entre todas las unidades.

10. Señale si las siguientes afirmaciones son verdades o falsas:

    a. Apache se puede instalar en Microsoft Windows.

        ☑ **Verdadero**
        ☐ Falso

    b. IIS solo está disponible para sistemas Microsoft.

        ☑ **Verdadero**
        ☐ Falso

    c. La línea de conexión a Internet es la que nos indica la carga de usuarios que se pueden conectar al servidor.

        ☑ **Verdadero**
        ☐ Falso

    d. Para que alguien pueda conectarse a nuestro servidor es necesario que conozca nuestra dirección IP.

        ☐ Verdadero
        ☑ **Falso**

11. Cite al menos cinco módulos de Apache.

mod_ssl, mod_rewrite, mod_dav, mod_auth_ldap, mod_perl, mod_php, mod_python, mod_ruby, mod_mono.

12. Señale si las siguientes afirmaciones son verdaderas o falsas:

   a. mod_python da soporte a sitios dinámicos realizados en Python.

      ☑ **Verdadero**
      ☐ Falso

   b. La última versión de IIS añade certificados centralizados.

      ☑ **Verdadero**
      ☐ Falso

   c. Se permite la configuración de IIS 8 para que bloquee las direcciones IP.

      ☑ **Verdadero**
      ☐ Falso

   d. Nginx no es un servidor HTTP.

      ☐ Verdadero
      ☑ **Falso**

13. **Marque con una X las características verdaderas del servidor Apache.**

X	Puede ser ejecutado sobre multitud de plataformas y sistemas operativos.
X	Es un proyecto libre y de código abierto.
	Proxy inverso con opciones de caché.
X	Cuenta con archivos Log.
X	Permite autenticación de base de datos basada en SGBD.
	Disponible bajo licencia GNU.

14. **Explique el concepto de servidor virtual para un servidor web.**

Un servidor virtual es aquel en el cual dos direcciones URL distintas apuntan hacia un único servidor. Existen dos tipos de servidores virtuales: los que tienen una sola IP para todos los dominios que maneja, y los que tienen IP virtuales para cada uno de los dominios que maneja.

15. ¿Qué indica el número de peticiones por conexión?

Cuando un cliente se conecta al servidor web, se le permite realizar múltiples peticiones en la misma conexión TCP, lo cual reduce la latencia asociada a las múltiples conexiones. Esto es útil cuando, por ejemplo, una conexión a una página web requiere varias imágenes, y todas esas imágenes son recibidas por el cliente en una misma conexión. El lado malo es que cada proceso o worker en el servidor debe esperar a que se cierre la sesión por el cliente antes de poder resolver la siguiente conexión.

Solucionario Capítulo 4

1. ¿Qué datos es necesario conocer antes de instalar un servidor web?

■ Network Domain: se trata del dominio donde el servidor web va a estar registrado. Un dominio es un conjunto de direcciones de red. Está organizado en niveles. En general, existe un nivel superior que determina aspectos geográficos, o de propósito del dominio. El siguiente nivel identificará una única dirección de red. Los siguientes niveles podrán ser utilizados para representar otros equipos informáticos o recursos de red dentro del dominio.
■ Server Name: será el nombre completo que tendrá el servidor web en nuestro dominio.
■ Dirección de correo del administrador: se trata de la dirección de correo de la persona encargada de la administración del servidor web y, por lo tanto, con la que contactar en caso de problemas con el servidor.

2. Marque con una X cuáles de estos enunciados son verdaderos:

	Respuestas HTTP
X	Apache se puede instalar desde un terminal Linux
	Apache se puede compilar desde la línea de comandos de Windows
X	IIS 10.0 está incluido en las versiones del sistema operativo Windows 11
	Apache no es un servidor gratuito
	IIS es un servidor web de código abierto

3. ¿Qué versión escogeríamos de Apache para su instalación en un sistema operativo Windows 11?

a. httpd.2.2.1.tar.gz
b. httpd.2.2.1.bz2
c. httpd.2.2.1-win32-x86-no_ssl.msi
d. Todas las opciones anteriores son incorrectas.

4. ¿Para qué sirve la siguiente expresión: net stop Apache2.4?

   a. **Para detener el servicio de Apache en Windows.**
   b. Para detener el servicio de Apache en Linux.
   c. Para reiniciar el servicio de Apache.
   d. Todas las opciones anteriores son incorrectas.

5. Complete los siguientes enunciados:

   El reinicio **graceful** es un tipo de reinicio especial. La señales USR1 o graceful provocan que el proceso padre indique a sus hijos que **finalicen** la ejecución después de servir la petición que en ese momento estén atendiendo.

   El DNS (Domain Name System) se encarga de traducir o convertir nombres de **dominio.**

   Todos los registradores de dominio deben estar certificados por la **Internet Corporation for Assigned Names (ICANN).**

6. Ordene la secuencia de pasos que ocurren en un procedimiento de registro de dominio:

   a. Verificar la disponibilidad del dominio en algún registrador.
   b. Elegir el tiempo de validez del registro.
   c. Pagar el dominio.
   d. Elegir el dominio.
   e. Ingresar datos personales para el registro.

   El orden sería: d, a, e, b, c.

7. ¿Cuáles son las tres secciones de las que se compone el fichero de configuración de Apache: httpd.conf?

   a. **Sección global.**
   b. **Host Virtuales.**
   c. Sección secundaria.
   d. **Sección principal.**

8. **¿Cuál es el primer paso que debemos realizar cuando hayamos instalado un servidor web IIS 10.0?**

El primer paso tras la instalación es crear un nuevo espacio web donde alojar los documentos que se servirán al cliente en las peticiones. Para ello, accedemos a la herramienta de administración de IIS a través del panel de control.

9. **¿Cuál de estas afirmaciones es verdadera?**

   a. **IIS permite especificar una lista de archivos que serán buscados en el orden indicado si no se especifica un nombre de documento en las solicitudes.**
   b. **El examen de directorios permite devolver una lista de directorios al navegador del usuario cuando este no especifica un nombre de documento en las peticiones.**
   c. IIS tiene la limitación de no permitir redirecciones a ubicaciones distintas de las que el cliente solicita.
   d. **Si IIS no reconoce la extensión de nombre de archivo solicitada por el cliente, enviará el contenido como tipo MIME predeterminado.**

10. **Señale si las siguientes afirmaciones son verdades o falsas:**

    a. El fichero PidFile contiene un número que identifica el proceso de ejecución de httpd cuando se inicia el servidor.

       ☑ **Verdadero**
       ☐ Falso

    b. Listen determina el puerto que se utilizará para escuchar las peticiones.

       ☑ **Verdadero**
       ☐ Falso

    c. LoadModule asigna un nombre y puerto al servidor web.

       ☐ Verdadero
       ☑ **Falso**

d. Alias no permite definir directorios virtuales:

☐ Verdadero
☑ **Falso**

11. Cite al menos cinco parámetros básicos para Apache.

DocumentRoot, Listen, DirectoryIndex, PidFile, ServerRoot.

12. Señale si las siguientes afirmaciones son verdaderas o falsas:

a. El hosting virtual basado en nombres no se puede usar junto con SSL por la naturaleza del protocolo SSL.

☑ **Verdadero**
☐ Falso

b. La clave del hosting virtual basado en IP es usar las direcciones IP para determinar qué host virtual es el que tiene que servir.

☑ **Verdadero**
☐ Falso

c. IIS da la posibilidad de elegir si se quiere un registro distinto por cada sitio web, o bien, usar un solo registro global para todo el servidor.

☑ **Verdadero**
☐ Falso

d. En el registro de acceso no se almacena la información sobre las peticiones que el servidor procesa.

☐ Verdadero
☑ **Falso**

13. Marque con una X las directivas de Apache.

X	<Directory>
X	<File>
	<Register>
X	<IfModule>
X	<VirtualHost>
	<Assign>

14. ¿Qué indica la directiva Listen de Apache?

La directiva Listen le indica al servidor que acepte peticiones entrantes solamente en los puertos y en las combinaciones de puertos y direcciones que se especifiquen. Si solo se especifica un número de puerto en la directiva Listen el servidor escuchará en ese puerto, en todas las interfaces de red de la máquina. Si se especifica una dirección IP y un puerto, el servidor escuchará solamente en la interfaz de red a la que pertenezca esa dirección IP y solamente en el puerto indicado. Se pueden usar varias directivas Listen para especificar varias direcciones IP y puertos de escucha. El servidor responderá a las peticiones de todas las direcciones y puertos que se incluyan.

15. ¿Cuáles son los directorios que deben ser asegurados en una copia de seguridad en un servidor Apache?

En un servidor Apache, existen múltiples directorios que se deben asegurar en una copia de respaldo:

- Los sitios web desplegados. Se pueden encontrar en el directorio "/var/www" en Linux, o bien, "C:\<ruta de instalación de Apache>\htdocs" en Windows.
- El fichero de configuración del servidor: "/etc/httpd/conf/httpd.conf" en Linux, o bien, "C:\<ruta de instalación de Apache>\conf\httpd.conf" en Windows.
- Los ficheros de logs incluidos en el directorio: "/etc/httpd/logs" en Linux, o bien, "C:\<ruta de instalación de Apache>\logs" en Windows.

Solucionario Capítulo 5

1. **Describa los tipos de módulos que se pueden cargar en Apache.**

   Apache es un servidor web totalmente modular, lo que indica que se puede ampliar su funcionalidad añadiendo módulos con capacidades adicionales. Existen dos tipos de módulos:

   - Los módulos estáticos, que se añaden en el momento de la compilación de Apache.
   - Los módulos dinámicos, que se cargan cuando se inicia el servidor y se pueden añadir a una versión compilada de Apache.

2. **Marque con una X cuáles de estos enunciados son verdaderos:**

	Respuestas HTTP
	Apache no es un servidor modular..
	mod_auth_basic es el módulo que se encarga de la encriptación SSL.
X	cache_module proporciona la habilidad de cachear las peticiones HTTP.
X	IIS permite comprimir el contenido estático para un uso más eficiente del ancho de banda.
	IIS no es un servidor modular.

3. **¿Qué módulo de Apache se debe configurar para convertir nuestro servidor web en un proxy HTTP?**

   a. **proxy_module**
   b. proxy-apache
   c. ModProxyConverter
   d. Todas las opciones anteriores son incorrectas.

4. ¿Para qué sirve la expresión: LoadModule <módulo>?

    a. Para cargar módulos estáticos en Apache.
    b. Para desactivar todos los módulos de Apache.
    c. Para buscar módulos en el fichero de configuración de Apache.
    d. Para cargar módulos dinámicos en Apache.

5. ¿Cuál es la diferencia entre módulos administrados y módulos nativos en IIS?

Módulos nativos (archivos .dll nativos): estos archivos también se denominan módulos no administrados, porque no se crean mediante el modelo de ASP.NET. De forma predeterminada, la mayoría de las características incluidas en el servidor web se implementan como módulos nativos.

Módulos administrados (tipos administrados creados por ensamblados .NET): estos módulos se crean mediante el modelo de ASP.NET.

6. Ordene la secuencia de pasos que ocurre en una petición CGI.

    a. El programa CGI recibe los datos, los decodifica y realiza la función implementada.
    b. El servidor web trata el resultado de CGI y le añade código para formar el encabezado HTTP.
    c. El servidor recibe la petición, procesa la URL (Universal Resource Locator).
    d. El servidor web responde con el resultado final al cliente.
    e. El navegador del usuario realiza una petición al servidor web mediante el protocolo HTTP.

El orden sería: e, c, a, b, d.

7. ¿Cuál es el directorio por defecto que usa Apache para almacenar los programas CGI?

    a. cgi-bin
    b. cgi-program
    c. cgiexe
    d. cgimod

8. ¿Qué dos condiciones deben cumplir todos los programas CGI?

▪ La salida tiene que ir precedida por una cabecera MIME-type. Esta cabecera le indica al cliente el tipo de contenido que recibe. En general, suele utilizarse: "Content-type: text/html".

▪ La salida debe ser HTML, o algún formato que el navegador sea capaz de mostrar. Por lo general, será un documento HTML.

9. ¿Cuál/es de estas afirmaciones son correctas?

a. IIS no permite gestionar programas CGI.
b. **Es posible desarrollar un programa CGI en .NET para IIS**
c. **CGI quiere decir Common Gateway Interface.**
d. **Los programas CGI y el servidor web establecen una comunicación a través de la entrada y salida estándar.**

10. Señale si las siguientes afirmaciones son verdades o falsas:

a. El código PHP aparece incrustado en páginas HTML.

☑ **Verdadero**
☐ Falso

b. Para que nuestro servidor web sea capaz de procesar páginas PHP no es necesario cargar el módulo.

☐ Verdadero
☑ **Falso**

c. PHP es un acrónimo recursivo que significa PHP Hypertext Preprocessor.

☑ **Verdadero**
☐ Falso

d. El encargado de ejecutar PHP es el servidor web.

☑ **Verdadero**
☐ Falso

11. **Rellene los huecos en las siguientes oraciones.**

ASP (Active Server Pages) es la alternativa de **PHP** desarrollada por Microsoft.

Tomcat es un servidor **HTTP** y además actúa como contenedor de **servlets.**

JSP sería la tecnología similar a PHP para Java.

12. **Señale si las siguientes afirmaciones son verdaderas o falsas:**

   a. El servlet, que es un objeto Java, se encarga de generar el texto de la página web que se entrega al contenedor.

      ☑ **Verdadero**
      ☐ Falso

   b. Instalar Tomcat en Apache podría provocar que nuestro módulo PHP dejara de funcionar.

      ☑ **Verdadero**
      ☐ Falso

   c. ASP es una tecnología exclusiva de Microsoft.

      ☑ **Verdadero**
      ☐ Falso

   d. Se puede ejecutar ASP en Apache.

      ☐ Verdadero
      ☑ **Falso**

13. **¿Para qué sirve el módulo so_module y el módulo cgi_module en Apache?**

   ▌ **cgi_module:** permite la ejecución scripts CGI. CGI define un esquema donde el servidor web puede ejecutar ciertas aplicaciones que generan contenido que será enviado como respuesta al cliente.
   ▌ **so_module:** este módulo es muy importante porque va a permitir la posibilidad de cargar módulos de forma dinámica. Sin este módulo, la única

posibilidad de usar otros sería la compilación del servidor web cada vez que se quiera incorporar un nuevo módulo.

14. ¿Qué diferencia hay entre un proxy forward y un proxy reverse?

El forward proxy actúa como intermediario entre el cliente y el servidor origen. El cliente envía una petición al proxy nombrando al servidor origen, y este le realiza la petición al servidor y devuelve el resultado al cliente; mientras que en el reverse proxy, el cliente realiza una petición ordinaria al espacio de nombres donde se encuentra el proxy y este decide a qué servidor web debe enviar la petición para devolver la respuesta al cliente.

15. ¿Para qué sirve el módulo HttpLoggingModule y el módulo StaticCompressionModule en IIS?

- HttpLoggingModule: permite configurar IIS para generar entradas de Log únicamente para peticiones válidas, fallidas o ambas. E incluso, es posible activar un logeo selectivo para URL específicas.
- StaticCompressionModule: permite comprimir el contenido estático para un uso más eficiente del ancho de banda. Por desgracia, activar este módulo implica que las respuestas dinámicas sean más ineficientes.

Solucionario Capítulo 6

1. **¿Cuál es el comportamiento por defecto en un servidor Apache con respecto a una petición que se realiza sobre un recurso en el espacio de direcciones web?**

Cuando se produce una petición al servidor, el comportamiento por defecto de Apache es tomar la ruta solicitada en la petición y añadirla a la ruta especificada en la directiva DocumentRoot del fichero de configuración de Apache. Por lo tanto, la directiva Document-Root determinará la estructura de ficheros y directorios que está visible desde la web.

Por ejemplo, si DocumentRoot estuviera configurado como /var/www/html, después de una petición como http://www.example.com/prueba/indice.html, el resultado enviado en la respuesta sería el fichero ubicado en la ruta /var/www/html/prueba/indice.html.

2. **Marque con una X cuáles de estos enunciados son correctos:**

	Respuestas HTTP
	En Apache, el usuario y grupo del proceso no puede ser modificado.
X	En Apache, se pueden usar enlaces simbólicos para referenciar a ubicaciones fuera del espacio de directorios del servidor web.
X	En Windows, el usuario Apache posee demasiados privilegios por defecto.
	IIS 10.0 no permite la exploración de directorios en el navegador.
X	IIS 10.0 permite añadir nuevos tipos MIME para la gestión de los recursos web.

3. **¿Qué sentencia de las siguientes establece la denegación total a una ubicación dentro del espacio de directorios web?**

    a. **Deny from all**
    b. Order deny, allow
    c. Deny from 192.168.0.1
    d. Order allow, deny

4. ¿Para qué sirve la expresión: Redirect permanent <dir> <url>?

    a. Otorga permisos a <dir> y <url>.
    b. Permite redireccionar clientes a cualquier servidor, no solo al servidor origen, cuando accedan al recurso en <dir>.
    c. Cambia el usuario por defecto.
    d. Carga el módulo permanent.

5. ¿Cuándo se visualizará en el navegador el contenido de un directorio si se utiliza un servidor web IIS 10.0?

En los siguientes casos:

- Cuando un usuario intenta acceder a un directorio desde la barra de direcciones de su navegador. Es decir, intenta navegar a http://www.midominio.com/ en vez de hacia http://www.midominio.com/index.html.
- Siempre que la característica de Documento predeterminado no esté activada en IIS. O bien, si lo está, IIS no encuentra un archivo que coincida como predeterminado en el directorio.

6. Describa las siguientes directivas de Apache:

AuthType Basic	Permite activar el método de autentificación básico.
AuthName nombre	Se indica el nombre que aparecerá en la ventana de autenticación.
AuthUserFile <fichero>	Indica la ubicación completa del fichero que contiene el nombre y contraseña de los usuarios a los que se permite el acceso.

7. Si se quiere activar autenticación de tipo digest en Apache, ¿qué directiva se usará?

    a. AuthType Basic
    b. AuthType Digest
    c. AuthBasicProvider ldap
    d. Require valid-user

8. ¿Qué es LDAP?

LDAP (Lightweight Directory Access Procolo) es un protocolo de nivel de aplicación para el acceso y mantenimiento de directorios distribuidos. El nivel de acceso a los directorios se implementa mediante un sistema de credenciales verificables a través de llamadas a un servidor. Es el método de autenticación más adecuado en entornos de red medios y grandes.

9. ¿Cuál de estas afirmaciones es correcta?

    a. mod_auth_mysql no es un módulo válido para la autenticación de usuarios.

    b. En Apache, existe la posibilidad de integrar una base de datos MySQL como repositorio de contraseñas para el control de acceso a un recurso web.

    c. No es necesario un servidor LDAP para su uso.

    d. Para cualquier tipo de autenticación hace falta crear un fichero que almacene todas las credenciales.

10. Señale si las siguientes afirmaciones son verdades o falsas:

    a. El propósito de SSL es proporcionar un canal de seguridad entre el servidor web y el navegador del usuario.

        ☑ **Verdadero**
        ☐ Falso

    b. Mantener segura la información confidencial que maneja un sitio web es una de las principales razones de SSL.

        ☑ **Verdadero**
        ☐ Falso

    c. Un certificado de seguridad no es un documento digital.

        ☐ Verdadero
        ☑ **Falso**

    d. Los certificados compartidos no suelen ser gratuitos.

        ☐ Verdadero
        ☑ **Falso**

11. Rellene los huecos en las siguientes oraciones:

En los algoritmos de cifrado simétrico solo existe una **clave**.

En los algoritmos de clave asimétrica, cada usuario tendrá una clave **pública** y otra **privada**.

La ventaja del cifrado asimétrico sobre el simétrico radica en que la clave **pública** puede ser conocida por todo el mundo.

12. Señale si las siguientes afirmaciones son verdaderas o falsas:

a. El cifrado simétrico es muchísimo más rápido que el asimétrico.

☑ **Verdadero**
☐ Falso

b. Las CA (Certificate Authority) o Entidades de Certificación son entidades que se encargan de emitir certificados SSL.

☑ **Verdadero**
☐ Falso

c. Para solicitar un certificado es necesario siempre generar un CSR.

☐ Verdadero
☑ **Falso**

13. ¿Para qué sirve el módulo mod_ssl de Apache?

Permite el uso de HTTPS.

14. ¿Qué es una entidad certificadora?

Son entidades que se encargan de emitir certificados SSL firmados para los propietarios de los dominios. De esta forma, aseguran que el certificado es válido y que el servidor es quien dice ser. Además, las firmas aseguran que el contenido del certificado no ha variado.

15. ¿En qué se basa en control de acceso por certificado de cliente?

Además de autenticar al servidor frente a los clientes, también es posible que los clientes se identifiquen mediante la presentación de un certificado. Los certificados de cliente normalmente contienen información como su nombre, empresa, departamento, dirección de correo, ciudad, país, etc., lo que permite sofisticados esquemas de control de acceso basándose en uno de estos atributos o en una combinación de varios o en el conjunto del certificado.

Solucionario 2

Administración y auditoría de los servicios web

Solucionario Capítulo 1

1. **¿Qué representa el protocolo de transferencia de archivos (FTP) y cuál es su principal vulnerabilidad de seguridad?**

   FTP es un protocolo para la transferencia de archivos en un modelo cliente-servidor, introducido en los años 70. Su principal vulnerabilidad es la transmisión de datos en texto plano sin cifrado, lo que facilita la interceptación de la información.

2. **Enumere los dos puertos utilizados por FTP y sus respectivos propósitos:**

   Los puertos son el 20 para transferencia de datos y el 21 para control de conexión.

3. **¿Cuál de las siguientes afirmaciones es falsa respecto al FTP?**

   a. Utiliza encriptación avanzada.
   b. Opera en un modelo cliente-servidor.
   c. Es seguro p ara transferir datos confidenciales.
   d. Fue introducido en los años 70.

4. **Explique cómo el FTPS mejora la seguridad en comparación con el FTP estándar.**

   FTPS mejora la seguridad del FTP estándar al introducir una capa de cifrado a través de SSL/TLS, encriptando tanto la sesión de control como la de transferencia de datos.

5. **Mencione el puerto por defecto utilizado por FTPS y el aspecto clave de su seguridad:**

   Es el puerto 990 el utilizado para conexiones cifradas. Requiere certificados para la autenticación de la conexión segura.

6. **¿Cuál es la principal diferencia entre SFTP y FTP?**

   a. SFTP utiliza múltiples conexiones.
   b. SFTP está basado en el protocolo *Secure Shell* (SSH).
   c. SFTP es menos seguro.
   d. SFTP no permite la gestión de archivos.

7. Describa la importancia de la encriptación en SFTP.

SFTP utiliza una única conexión cifrada basada en SSH, lo que asegura tanto los datos transferidos como la información de autenticación. Esto proporciona una seguridad máxima.

8. Enumere dos ventajas del uso de SFTP para la transferencia de archivos:

- Ofrece seguridad máxima mediante cifrado.
- Se puede hacer una gestión completa de los archivos, incluyendo el listado, la creación, la modificación y la eliminación.
- Es ampliamente soportado por sistemas operativos modernos y herramientas de transferencia de archivos.

9. ¿Qué puerto por defecto se utiliza en SFTP y por qué es preferido en entornos de alta seguridad?

a. Puerto 20
b. Puerto 21
c. Puerto 22
d. Puerto 990

10. Explique la importancia de una jerarquía lógica en la organización de contenidos web.

Una jerarquía lógica es crucial para establecer una navegación coherente y una estructura clara, pues permite a los usuarios encontrar fácilmente la información y mejorar la experiencia general del sitio web.

11. ¿Cuál es el propósito de las pruebas de usabilidad en la organización del contenido web?

a. Mejorar la estética del sitio.
b. Evaluar la efectividad de la organización del contenido.
c. Aumentar la velocidad del servidor.
d. Implementar nuevas tecnologías.

12. Describa el papel del control de versiones en la administración de contenidos de servidores web.

El control de versiones organiza y rastrea cambios en el código fuente y documentos. Facilita la cooperación entre desarrolladores, asegura la integridad del contenido y resuelve conflictos de edición de forma eficiente.

13. Mencione una herramienta popular de control de versiones y dé una característica de esta.

- *Git:* flexibilidad en proyectos de desarrollo web y *software.*
- *Subversion* (SVN): enfoque más centralizado en la gestión de versiones.
- *Mercurial:* opción similar a *Git,* pero con una curva de aprendizaje más suave.

14. ¿Qué estrategia no se utiliza para mejorar el rendimiento de los servidores web?

a. Compresión de archivos *CSS, JavaScript* y *HTML*
b. Aumento del tamaño de los archivos multimedia
c. Optimización de imágenes
d. Uso de caché y CDN

15. ¿Cuál de los siguientes aspectos es fundamental para la calidad de servicio y usabilidad de un sitio web?

a. Colores vibrantes del diseño
b. Tiempo de carga rápido
c. Uso de animaciones complejas
d. Publicidad extensiva

Solucionario Capítulo 2

1. **¿Cuál es una de las funciones principales de un servidor de aplicaciones de servicios web?**

    a. Gestión de redes sociales
    b. **Administración de aplicaciones**
    c. Creación de contenido gráfico
    d. Análisis de datos masivos

2. **Explique cómo un servidor de aplicaciones facilita la comunicación con bases de datos.**

    Actúa como puente para el intercambio de información entre aplicaciones y bases de datos, permitiendo realizar consultas y actualizar datos de manera eficiente.

3. **¿Qué importancia tiene la gestión de transacciones en un servidor de aplicaciones de servicios web?**

    Asegura la coherencia e integridad de transacciones críticas, y previene errores y problemas en operaciones como compras o movimientos financieros.

4. **Mencione una medida de seguridad implementada en servidores de aplicaciones:**

    a. Certificados SSL
    b. Políticas de acceso en OAuth
    c. Certificado Java
    d. **Las opciones a y b son correctas.**

5. **Describa el rol del balanceo de carga en un servidor de aplicaciones de servicios web.**

    Optimiza la distribución del tráfico entre servidores, mejorando el rendimiento y previniendo la saturación de recursos.

6. ¿Qué ventaja ofrece el autoescalado en servicios en la nube como AWS EC2 o Azure VM?

    a. Mayor seguridad
    b. Adaptabilidad a picos de tráfico
    c. Menor costo de *hardware*
    d. Simplificación del desarrollo de aplicaciones

7. Enumere dos directrices clave para configurar un servidor de aplicaciones:

- Dimensionar adecuadamente la memoria RAM y los recursos de procesamiento.
- Implementar sistemas de seguridad robustos, como cortafuegos y certificados SSL.
- Determinar un límite apropiado para el número de conexiones simultáneas.
- Activar sistemas de registro avanzados y el monitoreo continuo del rendimiento del servidor.
- Planificar de forma estratégica la adquisición de licencias de *software*.

8. ¿Cuál es el propósito de establecer un límite para el número de conexiones simultáneas en un servidor de aplicaciones?

    a. Reducir el costo de operación.
    b. Prevenir problemas de rendimiento y saturación del sistema.
    c. Simplificar la gestión de la base de datos.
    d. Facilitar las tareas de mantenimiento.

9. Explique la importancia del monitoreo continuo en un servidor de aplicaciones.

El monitoreo continuo permite identificar y resolver rápidamente cualquier incidencia o anomalía, manteniendo la operatividad y eficiencia del servidor.

10. ¿Cuál es el primer paso en la metodología estructurada para la implantación efectiva de sistemas informáticos?

    a. Verificación de la instalación
    b. Comprobación del arranque, funcionamiento y parada del sistema
    c. Gestión de licencias
    d. Configuración de seguridad

11. **Mencione una ventaja de realizar pruebas funcionales durante la verificación de un servidor web.**

   ▮ Asegurar la correcta gestión de solicitudes HTTP.
   ▮ Confirmar que las páginas web y los servicios se cargan sin errores.
   ▮ Comprobar la instalación y el correcto funcionamiento de módulos y extensiones esenciales.

12. **¿Qué aspecto se verifica en la seguridad durante el despliegue de un servidor web?**

   a. Eficiencia energética
   b. **Implementación de medidas de seguridad como cortafuegos y SSL/TLS**
   c. Diseño de la interfaz de usuario
   d. Capacidad de almacenamiento

13. **Explique la importancia de la revisión de parámetros de configuración en un servidor web.**

   Asegura que las configuraciones clave se ajusten a los requerimientos operativos, mejorando el rendimiento y la seguridad del servidor.

14. **¿Cuál es un componente crucial en la organización de la compra de licencias para un servidor web?**

   a. Selección de colores para la interfaz
   b. Elección de la ubicación física del servidor
   c. **Evaluación del crecimiento previsto y necesidades de** *software*
   d. Diseño gráfico del sitio web

15. **¿Qué se busca confirmar con la realización de pruebas de penetración en un servidor web?**

   a. Capacidad de almacenamiento
   b. **Identificación y mitigación de vulnerabilidades de seguridad**
   c. Velocidad de conexión a Internet
   d. Compatibilidad con diferentes navegadores web

Solucionario Capítulo 3

1. **¿Cuáles son los sistemas gestores de bases de datos (SGBD) más empleados en aplicaciones web?**

Los sistemas gestores de bases de datos más empleados en aplicaciones web son Oracle, SQL Server y MySQL, cada uno con características distintas, que los hacen adecuados para diferentes tipos de aplicaciones.

2. **Mencione los dos protocolos de acceso más extendidos utilizados por SQL Server:**

Los más extendidos son JDBC *(Java Database Connectivity)* y ODBC *(Open Database Connectivity)*.

3. **Enumere tres tipos de seguridad que pueden implementarse en los sistemas de gestión de bases de datos:**

   ▪ Seguridad basada en IP
   ▪ Autenticación por usuario y contraseña
   ▪ Seguridad integrada
   ▪ Enfoque combinado

4. **¿Cuál de los siguientes SGBD es conocido por permitir la interacción a través de Transact-SQL (T-SQL)?**

   a. *Oracle*
   b. ***SQL Server***
   c. *MySQL*
   d. *PostgreSQL*

5. **Describa brevemente cómo se puede establecer una tabla de datos en *MySQL*.**

En *MySQL,* se puede crear una tabla de datos utilizando el comando SQL CREATE TABLE, seguido de la definición de columnas y tipos de datos, como ID_Cliente INT PRIMARY KEY, Nombre VARCHAR (50), y otros campos necesarios.

6. ¿Cuál es la función principal de JDBC en la interacción con bases de datos?

JDBC actúa como una API para el lenguaje Java. Establece la forma en que un cliente puede conectar con una base de datos y realizar consultas SQL y maneja los resultados obtenidos.

7. Enumere dos bibliotecas de acceso que permiten la interacción con bases de datos:

- ODBC *(Open Database Connectivity)*
- JDBC *(Java Database Connectivity)*
- DSN-LESS ODBC
- OLEDB *(Object Linking and Embedding, Database)*

8. ¿Cuál de los siguientes es un ejemplo de un sistema de gestión de bases de datos de código abierto?

    a. *Oracle*
    b. *SQL Server*
    c. *MySQL*
    d. *Access*

9. Explique cómo funciona la autenticación por usuario y contraseña en *SQL Server.*

En SQL Server, la autenticación por usuario y contraseña requiere que los usuarios proporcionen credenciales válidas para acceder a la base de datos. Si las credenciales son correctas, se concede el acceso; de lo contrario, se deniega.

10. ¿Qué tecnología de acceso a bases de datos permite la conexión a distintas fuentes de datos y es independiente de la plataforma?

    a. JDBC
    b. ODBC
    c. DSN-LESS ODBC
    d. JDBC y ODBC

11. Mencione las ventajas de la seguridad integrada en las bases de datos:

Asegura una defensa sólida mediante la integración de varias estrategias de seguridad. Incluye autenticación, cifrado y otros niveles de protección.

12. ¿Qué API de acceso a bases de datos es específica para el lenguaje *Java?*

    a. ODBC
    b. JDBC
    c. OLEDB
    d. DSN-LESS ODBC

13. Mencione una desventaja de la seguridad basada en usuario y contraseña:

    ▎ Es susceptible a vulnerabilidades si se utilizan contraseñas débiles.
    ▎ Necesita una administración cuidadosa de las credenciales.

14. ¿Qué es OLEDB y qué facilita en términos de acceso a datos?

OLEDB es una API creada por *Microsoft* que facilita un acceso uniforme a datos procedentes de diversas fuentes. Se estructura en torno a un conjunto de interfaces basadas en el modelo de componentes de objetos (COM). Permite una amplia compatibilidad y flexibilidad en el acceso a los datos.

15. ¿Cuál de las siguientes tecnologías elimina la necesidad de un DSN en su configuración?

    a. JDBC
    b. ODBC
    c. DSN-LESS ODBC
    d. OLEDB

Solucionario Capítulo 4

1. **¿Qué es el modelo de tres capas en arquitectura de *software* y cuáles son sus componentes principales?**

El modelo de tres capas es una estrategia en arquitectura de *software* que divide una aplicación en tres capas fundamentales: la capa de presentación, la capa de lógica de negocio y la capa de acceso a datos. Cada capa tiene responsabilidades claras y específicas que ayudan en la modularidad y mantenibilidad de la aplicación.

2. **Mencione dos ventajas del modelo de tres capas en el desarrollo de *software*.**

I Mejora la claridad y separación de responsabilidades.
I Facilita el uso de componentes en diferentes partes de la aplicación.
I Permite ajustar y escalar las capas de forma independiente.
I Mejora la seguridad mediante políticas diferenciadas de acceso a la base de datos.
I Simplifica los cambios y actualizaciones, al permitir modificaciones en capas específicas.
I Agiliza la identificación y corrección de errores al permitir pruebas unitarias por capa.
I Posibilita la optimización de procesos en la capa de lógica de negocio para mejorar los tiempos de respuesta.
I La inversión en tiempo durante el desarrollo inicial puede llevar a una mayor eficiencia y rapidez en la implementación de futuras funcionalidades.
I La estructura bien organizada puede reducir los costes a largo plazo, al facilitar el mantenimiento y las actualizaciones.
I Fomenta la especialización y el desarrollo de habilidades técnicas avanzadas en los desarrolladores.
I Es altamente aplicable en proyectos de gran envergadura donde la modularidad y la escalabilidad son esenciales.

3. **Enumere dos desventajas asociadas con el modelo de tres capas en arquitectura de *software*.**

I Introduce una estructura más compleja.
I Puede generar redundancia de código en las capas.
I Requiere de un análisis cuidadoso para escalar adecuadamente sin afectar a otras capas.

I La gestión de la seguridad puede complicarse debido a la necesidad de coordinar políticas a través de las capas.

I El mantenimiento puede ser más costoso y complejo debido a la interdependencia de las capas.

I Las pruebas integradas pueden ser más desafiantes al requerir coordinación entre las capas.

I El rendimiento puede verse afectado por la complejidad adicional en la comunicación entre capas.

I El diseño y desarrollo iniciales pueden tomar más tiempo en comparación con modelos más simples.

I El análisis, diseño, desarrollo y mantenimiento pueden incrementar los costes generales del proyecto.

I Requiere de habilidades técnicas específicas para cada capa, lo que puede limitar la disponibilidad de desarrolladores.

I Puede presentar limitaciones en aplicaciones pequeñas o proyectos que demandan alta simplicidad y rendimiento.

4. ¿Cuál de las siguientes capas del modelo de tres capas es responsable de gestionar las transacciones y la lógica específica del negocio?

a. Capa de presentación
b. Capa de lógica de negocio
c. Capa de acceso a datos
d. Capa de aplicación

5. Describa brevemente la función de la capa de acceso a datos en el modelo de tres capas.

La capa de acceso a datos gestiona todas las operaciones relacionadas con el almacenamiento, recuperación, actualización y eliminación de datos, interactuando con sistemas de bases de datos para asegurar un manejo seguro y eficiente de los datos.

6. ¿Qué es la tolerancia a fallos en sistemas distribuidos y por qué es importante?

La tolerancia a fallos es la capacidad de un sistema para continuar operando correctamente incluso cuando uno de sus componentes falla. Es esencial en sistemas distribuidos para mantener la operatividad y eficiencia del sistema incluso bajo condiciones de fallo.

7. Enumere dos técnicas utilizadas para implementar la tolerancia a fallos en sistemas distribuidos.

- ▎ Replicación de datos
- ▎ Balanceo de carga
- ▎ Conmutación por error *(failover)*
- ▎ Medidas de recuperación ante desastres

8. ¿Cuál de las siguientes es una estrategia utilizada para garantizar la disponibilidad de datos en caso de fallo de un servidor?

- a. Balanceo de carga
- b. Conmutación por error
- **c. Replicación de datos**
- d. Pruebas unitarias

9. Explique el concepto *balanceo de carga* en el contexto de sistemas distribuidos.

El balanceo de carga es una técnica utilizada para distribuir las solicitudes de los usuarios entre varios servidores, con el objetivo de prevenir la sobrecarga en servidores individuales y mejorar el rendimiento general del sistema.

10. ¿Qué diferencia hay entre el reparto de carga estático y el dinámico?

El reparto de carga estático asigna la carga basándose en estimaciones fijas y no se ajusta a cambios en la demanda, mientras que el reparto de carga dinámico adapta la distribución de la carga en tiempo real según la demanda y la capacidad actual.

11. Mencione una ventaja del almacenamiento de estado de sesión «en proceso»:

- ▎ Rápido acceso a los datos de sesión, debido a que se almacenan en la memoria del servidor.
- ▎ Simplicidad de implementación al no requerir infraestructuras adicionales.

12. **Mencione una desventaja que presenta el almacenamiento de sesiones en proceso en entornos distribuidos.**

   ▌ Los datos se pierden en caso de reinicio del servidor.
   ▌ No garantiza la persistencia de los datos en configuraciones con múltiples servidores.

13. **¿Cuál de las siguientes opciones describe mejor el servicio de estado de sesión de *ASP.NET*?**

   a. Almacena datos de sesión en la memoria del servidor.
   b. **Ofrece un repositorio centralizado para datos de sesión externos al proceso de la aplicación.**
   c. Utiliza SQL Server para almacenar datos de sesión.
   d. Implementa almacenamiento de sesión en caché distribuido.

14. **Explique cómo el uso de *SQL Server* para el estado de sesión beneficia la gestión de sesiones en aplicaciones empresariales.**

   Utilizar *SQL Server* para el estado de sesión proporciona durabilidad y resistencia de los datos, asegurando su supervivencia a través de interrupciones del sistema y facilitando la consistencia entre múltiples nodos en granjas de servidores.

15. **¿Cuáles son las características del almacenamiento personalizado de estado de sesión?**

   Ofrece flexibilidad para adaptarse a necesidades específicas, como el uso de cachés distribuidos para acceso rápido. Además, permite la integración con sistemas *NoSQL* para escenarios en los que los datos de sesión no se ajusten a esquemas relacionales.

Solucionario Capítulo 5

1. **¿Qué es un entorno de desarrollo y cuál es su propósito principal en la gestión de actualizaciones?**

Un entorno de desarrollo es una fase inicial donde se instalan y prueban nuevas modificaciones en un ambiente seguro que simula el entorno de producción. Su propósito principal es permitir a los desarrolladores evaluar el funcionamiento de las actualizaciones y realizar pruebas sin riesgo.

2. **Enumere dos actividades clave que se realicen en un entorno de preproducción.**

▐ Pruebas bajo condiciones que reflejan el ambiente real de producción
▐ Pruebas de carga y estrés para verificar el manejo del volumen de tráfico
▐ Pruebas de seguridad para detectar vulnerabilidades
▐ Pruebas de compatibilidad para evitar conflictos de interoperabilidad
▐ Confirmación de la funcionalidad completa y sin problemas

3. **¿Cuál de las siguientes estrategias de despliegue implica dos versiones del servicio, una nueva y una existente, probando la nueva mientras la versión existente sigue en operación?**

a. *Rolling Upgrade*
b. ***Blue/Green***
c. *Dark Launcher*
d. *Canary Release*

4. **Describa brevemente el proceso de preparación para el despliegue de actualizaciones.**

La preparación para el despliegue incluye realizar copias de seguridad completas de todos los datos y configuraciones del sistema, comunicarse constantemente con las partes interesadas sobre el progreso y asegurar que todos los pasos necesarios estén claramente definidos y planificados, para minimizar el tiempo de inactividad y los problemas.

5. ¿Qué es un entorno de preproducción y qué objetivo cumple en el proceso de despliegue de actualizaciones?

Un entorno de preproducción actúa como un puente entre el desarrollo y la producción final. Es una réplica exacta del entorno de producción. Su objetivo es realizar pruebas más rigurosas, para garantizar la robustez de las actualizaciones antes de su despliegue final.

6. ¿Cuál es la ventaja de utilizar la estrategia de despliegue *Red/Black?*

Evalúa el rendimiento de la nueva versión bajo carga real.

7. ¿Cuál es la principal diferencia entre las estrategias de despliegue *Blue/Green* y *Canary Release?*

La estrategia *Blue/Green* permite pruebas y evaluaciones sin afectar a los usuarios actuales utilizando dos entornos completos, mientras que *Canary Release* implementa la nueva versión gradualmente, desviando un pequeño porcentaje del tráfico y expandiendo la liberación solo si los resultados son satisfactorios.

8. Indique dos ejemplos de pruebas que se realizarían en la fase de verificación después del despliegue.

- Pruebas para confirmar que las actualizaciones operan según lo esperado.
- Monitoreo continuo del sistema para detectar posibles complicaciones a largo plazo.
- Documentación completa de todo el proceso de despliegue.

9. ¿Cuál de las siguientes estrategias de despliegue es más adecuada cuando los cambios son significativos y no se puede hacer una transición gradual?

a. *Ramped*
b. *Canary Release*
c. ***Recreate***
d. *Rolling Upgrade*

10. ¿Qué se busca lograr con el uso de un entorno de desarrollo en la gestión de actualizaciones?

El entorno de desarrollo busca replicar tan exactamente como sea posible las condiciones del entorno de producción para evaluar las actualizaciones en un contexto similar y garantizar su correcto funcionamiento durante la fase de producción.

11. Enumere dos estrategias de despliegue que impliquen una transición gradual de una versión antigua a una nueva.

I *Ramped*
I *Canary Release*
I *Rolling Upgrade*

12. ¿Qué estrategia de despliegue utiliza una duplicación parcial del entorno para testear nuevas características bajo carga real?

a. *Blue/Green*
b. *Red/Black*
c. ***Dark Launcher***
d. *Canary Release*

13. Enumere dos objetivos principales de la fase de revisión y ajuste final en el proceso de despliegue de actualizaciones.

I Confirmar que el sistema opera correctamente y sin signos de deterioro.
I Evaluar la experiencia del usuario y hacer ajustes necesarios basados en sus comentarios.
I Mejorar los procedimientos de actualización y elaborar un informe detallado sobre las áreas de mejora.

14. ¿Cuál de los siguientes no es un componente típico de la fase de preparación para el despliegue?

a. Realización de respaldos completos
b. Comunicación con las partes interesadas
c. **Implementación de actualizaciones conforme al plan**
d. Planificación detallada del despliegue

15. Describa brevemente qué se documenta en la fase de verificación después del despliegue.

Durante la fase de verificación después del despliegue, se documenta todo el proceso, incluyendo qué se actualizó, cuándo se realizó la actualización, cualquier problema encontrado y cómo se resolvió, lo cual asegura un registro detallado para futuras referencias y mejoras.

 Solucionario Capítulo 6

1. ¿Qué importancia tiene la monitorización constante de los parámetros de calidad en la gestión de servicios web?

La monitorización constante es crucial para identificar problemas potenciales y aplicar correcciones de manera oportuna, asegurando que el servicio mantenga un rendimiento óptimo y la satisfacción del usuario.

2. Enumere tres parámetros de calidad que se utilizan para evaluar el rendimiento de un servicio web.

- Ancho de banda
- Capacidad de carga
- Compatibilidad
- Confiabilidad
- Eficiencia
- Escalabilidad
- Flexibilidad
- Interoperabilidad
- Latencia
- Mantenibilidad
- Resiliencia
- Seguridad
- Tasa de errores
- Tiempo de actividad
- Tiempo de respuesta
- Usabilidad
- Velocidad de procesamiento

3. ¿Cuál de los siguientes es un indicador de la capacidad de un sistema para recuperarse de fallos?

a. Flexibilidad
b. Confiabilidad
c. **Resiliencia**
d. Interoperabilidad

4. **Describa brevemente qué es un SLA y su función en la gestión de servicios web.**

Un SLA *(Service Level Agreement)* es un contrato entre el proveedor de servicios y el usuario que define el nivel de servicio esperado. Establece estándares de rendimiento y disponibilidad y es esencial para mantener la confianza del usuario y la reputación del proveedor.

5. **¿Qué representa el término *cinco nueves* en el contexto de la disponibilidad de servicios web?**

Se refiere a una disponibilidad del 99,999 %. Indica un nivel óptimo de operatividad y accesibilidad del servicio web, lo cual es vital para la eficiencia operativa y la satisfacción del usuario.

6. **Enumere una estrategia utilizada para garantizar la alta disponibilidad de un servicio web.**

   - Redundancia de componentes o sistemas
   - Balanceo de carga entre múltiples servidores
   - Recuperación ante desastres

7. **¿Cuál de los siguientes no es un parámetro de calidad para evaluar un servicio web?**

   a. Velocidad de procesamiento
   b. **Tamaño de archivo máximo permitido**
   c. Mantenibilidad
   d. Seguridad

8. **Indique un ejemplo de medida de contención que podría implementarse durante un incidente de servicio web.**

   - Uso de versiones anteriores de *software* si las actualizaciones recientes causan problemas.
   - Aislamiento de componentes afectados para evitar que el fallo afecte a otras partes del sistema.
   - Activación de componentes redundantes para mantener la continuidad del servicio.

9. ¿Cuál es el objetivo principal del tiempo medio entre fallos (MTBF) como indicador?

El MTBF mide el intervalo medio entre fallos sucesivos en un sistema. Es un indicador clave de la fiabilidad y la estabilidad del servicio. Un MTBF prolongado indica una mayor disponibilidad y confiabilidad del servicio.

10. ¿Qué mide el tiempo medio de recuperación (MTTR) y por qué es importante?

El MTTR mide el tiempo promedio necesario para restaurar un sistema tras una avería. Es importante porque un MTTR reducido implica una rápida recuperabilidad, lo cual es crucial para minimizar el impacto de los fallos en la disponibilidad del servicio.

11. Enumere dos características clave de un sistema altamente usable.

- Es intuitivo y fácil de manejar.
- Proporciona una experiencia de usuario satisfactoria.
- Resulta accesible desde variados dispositivos y navegadores.

12. ¿Qué estrategia de gestión de incidentes implica identificar la causa fundamental de un problema para evitar su repetición?

a. Medidas de contención
b. **Análisis de la causa raíz**
c. Gestión proactiva de problemas
d. Monitorización continua

13. ¿Qué papel juegan los acuerdos de nivel de servicio (SLA) en la relación entre un proveedor de servicios y sus usuarios?

Los SLA juegan un papel crucial, al establecer expectativas claras y medibles sobre el nivel de servicio ofrecido, ayudando a mantener la confianza y la satisfacción del usuario, así como la reputación del proveedor.

14. ¿Qué beneficio tiene implementar redundancia en la infraestructura de un servicio web?

Asegura la continuidad del servicio ante fallos de un sistema principal y reduce el tiempo de inactividad durante mantenimientos o fallos.

15. ¿Qué se debe incluir en un SLA para asegurar una comprensión clara y objetiva entre el proveedor y el usuario?

Un SLA debe incluir niveles de servicio específicos y medibles, como tiempo de actividad, tiempo de respuesta y capacidad de carga, además de definir claramente los procesos de reporte y revisión de rendimiento.

Selección, instalación y configuración del software de servidor de mensajería electrónica

Solucionario Capítulo 1

1. Enumere los dos componentes principales de un correo electrónico.

- Encabezado *(Header)*
- Cuerpo *(Body)*
- Adjuntos
- Asunto
- Fecha
- Otros campos («responder a», «enviado», «prioridad»)

2. Mencione al menos dos campos que se encuentran en el encabezado de un correo electrónico.

- De *(From)*
- Para *(To)*
- CC (Con Copia)
- BCC (Con Copia Oculta)

3. ¿Cuál es el propósito principal del cuerpo en un correo electrónico?

Es la parte principal del mensaje donde se escribe el texto del correo.

4. ¿Cuál es la característica principal del protocolo POP3 en la gestión de correos electrónicos?

a. Permite ver y gestionar correos directamente en el servidor.
b. Descarga correos electrónicos al dispositivo local y generalmente los elimina del servidor.
c. Sincroniza correos electrónicos entre varios dispositivos.
d. Ofrece funcionalidades avanzadas como mayor seguridad y sincronización especializada.

5. ¿Qué tipo de formato permite estilos, enlaces, imágenes incorporadas y otros elementos multimedia en un correo electrónico?

Texto enriquecido/HTML

6. **Enumere dos tipos de archivos que comúnmente se envían como adjuntos en un correo electrónico.**

   - Documentos
   - Imágenes
   - Audios
   - Vídeos

7. **Describa una diferencia clave entre los protocolos IMAP y POP.**

   Posibles soluciones:

   - IMAP permite gestionar correos directamente en el servidor, facilitando el acceso desde múltiples dispositivos.
   - POP descarga los correos al dispositivo local y generalmente los elimina del servidor, limitando el acceso a un solo dispositivo.

8. **Nombre dos estrategias de seguridad implementadas en el correo electrónico para proteger contra *spam* y *phishing*.**

   - Soluciones antivirus/*Antispam*
   - Marco de política de remitentes (SPF)
   - Claves de dominio/DKIM (Domain Keys Identified Mail)
   - Identificador del remitente *(SenderID)*

9. **¿Qué ventaja ofrece el protocolo IMAP sobre POP?**

   a. Los correos electrónicos se descargan y se almacenan exclusivamente en un dispositivo local.
   b. Los correos electrónicos se eliminan del servidor una vez descargados.
   c. **Permite acceder y sincronizar correos electrónicos entre varios dispositivos.**
   d. Es un protocolo propietario con funcionalidades de seguridad mejoradas.

10. **Enumere dos aspectos fundamentales que deben configurarse en un cliente de correo electrónico.**

   ▪ Estructura de categorías
   ▪ Permisos de usuarios
   ▪ Foros temáticos
   ▪ Políticas de moderación

11. **Mencione la finalidad del campo BCC en un correo electrónico.**

   Ocultar las direcciones de los destinatarios de todos los demás, proporcionando privacidad adicional.

12. **¿Qué diferencia hay entre SMTP y POP/IMAP en términos de su función en el correo electrónico?**

   SMTP se utiliza para el envío de correos, mientras que POP/IMAP se utilizan para la recepción de correos.

13. **Mencione un tipo de amenaza común en el correo electrónico.**

   Phishing

14. **Enumere dos prácticas recomendadas para realizar una instalación segura de *software* de correo electrónico.**

   ▪ Uso de conexiones cifradas durante la instalación.
   ▪ Configuración de cortafuegos y definición de políticas de acceso.

15. **¿Cuál es la función principal de un MUA (Mail User Agent) en el sistema de correo electrónico?**

   a. Convierte los nombres de dominio en direcciones IP.
   b. Verifica si los correos entrantes provienen de servidores aprobados.
   c. Utiliza criptografía para verificar la autenticidad de los mensajes de correo.
   d. **Permite a las personas leer, redactar, enviar y almacenar mensajes de correo electrónico.**

Solucionario Capítulo 2

1. ¿Qué es el GDPR y qué impacto tiene en las empresas globales?

El Reglamento General de Protección de Datos (GDPR) es una normativa que garantiza la protección y privacidad de los datos personales dentro de la Unión Europea. Tiene un impacto global, ya que afecta a cualquier organización internacional que maneje datos de ciudadanos europeos, obligándolas a cumplir con estos estándares de privacidad.

2. Mencione una ley que regule la protección de datos en España:

Posibles soluciones:

- Reglamento General de Protección de Datos (GDPR).
- Ley Orgánica de Protección de Datos Personales y garantía de los derechos digitales (LOPDGDD).
- Ley de Servicios de la Sociedad de la Información y de Comercio Electrónico (LSSI-CE).

3. ¿Cuáles son los tres pilares fundamentales de la seguridad informática?

Confidencialidad, integridad y disponibilidad.

4. Enumere dos consideraciones importantes al seleccionar *hardware* para un servidor de correo electrónico:

Posibles soluciones:

- Identificar las necesidades específicas de la organización en términos de volumen de datos y número de usuarios.
- Escoger componentes que ofrezcan un equilibrio entre potencia de procesamiento y eficiencia energética.
- Asegurar que el *hardware* sea plenamente compatible con el *software* de servidor de correo electrónico elegido.
- Optar por soluciones de *hardware* que permitan una expansión fácil y coste-efectiva.

5. ¿Cuál de las siguientes opciones es una acción recomendada durante el proceso de bastionamiento de un servidor?

    a. Instalar *software* adicional para funcionalidades extendidas.
    b. Configurar un *firewall* para controlar el acceso entrante y saliente.
    c. Permitir todos los servicios por defecto para facilitar la configuración.
    d. Desactivar las actualizaciones automáticas de seguridad.

6. Describa el proceso de configuración de parámetros en un servidor POP/IMAP.

Involucra definir los parámetros que controlan cómo el servidor maneja las solicitudes de correo, como las rutas de los directorios de correo, límites de conexiones simultáneas y la implementación de configuraciones de seguridad como el aislamiento de procesos.

7. Mencione una estrategia para gestionar brechas de seguridad en datos personales según el GDPR.

Posibles soluciones:

    ∎ Realizar notificaciones de incidentes de seguridad a las autoridades competentes.
    ∎ Implementar medidas de cifrado para proteger los datos.
    ∎ Adoptar estrategias para contrarrestar riesgos como el *spam* y el *phishing*.

8. ¿Qué ley regula la retención de datos de comunicaciones electrónicas en España?

La Ley 25/2007 regula la retención de datos generados o procesados por operadores y proveedores de servicios de telecomunicaciones en el marco de la prestación de servicios electrónicos o redes públicas de comunicación.

9. ¿Qué protocolo seguro se debe utilizar para cifrar las conexiones de correo electrónico en un servidor que utiliza IMAP?

    a. HTTPS
    b. SSL/TLS
    c. IMAPS
    d. SMTPS

10. **Explique cómo se debe realizar la selección de *software* para un servidor de correo electrónico.**

Debe proporcionar funcionalidades necesarias como filtrado de *spam* y protección antivirus, ser compatible con el *hardware* y sistema operativo del servidor, y tener un historial probado de seguridad y actualizaciones regulares.

11. **¿Qué acción NO es parte del proceso de securización o bastionamiento de un servidor?**

    a. Instalación de componentes esenciales únicamente.
    b. **Permitir todas las conexiones entrantes por defecto.**
    c. Aplicar los últimos parches de seguridad.
    d. Establecer reglas de *firewall* estrictas.

12. **Detalle dos responsabilidades de los proveedores de servicios bajo la LSSI-CE:**

La LSSI-CE dicta las responsabilidades de los proveedores de servicios de la sociedad de la información, incluyendo la obligación de retener ciertos datos de las comunicaciones y proporcionarlos a las autoridades cuando se requiere bajo una orden judicial.

13. **¿Qué medida es fundamental para garantizar la integridad de la información según los principios de seguridad informática?**

    a. Restricción de acceso basada en roles.
    b. **Actualización y parcheo regular de sistemas.**
    c. Mantenimiento de registros detallados de actividad.
    d. Pruebas de penetración y evaluaciones de vulnerabilidad.

14. **Describa el impacto de la Ley Orgánica de Protección de Datos Personales y garantía de los derechos digitales (LOPDGDD) en la gestión de datos personales en España.**

Esta ley regula el tratamiento de datos personales, asegurando la protección de los derechos digitales y estableciendo obligaciones específicas para el manejo, seguridad y divulgación de datos personales.

15. ¿Qué acción se debe tomar inmediatamente tras detectar una brecha de seguridad que comprometa datos personales, según el GDPR?

    a. Informar a todos los usuarios afectados en un plazo de 72 h.

    b. Realizar una auditoría interna completa antes de informar.

    c. Notificar a la autoridad de protección de datos competente sin demoras indebidas y, si es posible, no más tarde de 72 h después de tener conocimiento de la brecha.

    d. Esperar a determinar el alcance completo de la brecha antes de tomar cualquier acción.

Solucionario 4

Administración y auditoría de los servicios de mensajería electrónica

Solucionario Capítulo 1

1. ¿Qué es el establecimiento de cuentas en la administración de sistemas de correo electrónico y qué incluye?

El establecimiento de cuentas implica la creación de cuentas de usuario para aquellos que requieren utilizar el sistema de correo. Incluye asignación de identificadores de usuario, direcciones de correo electrónico y contraseñas robustas.

2. Mencione dos tareas clave de la administración de cuentas de usuario en sistemas de correo:

- Establecimiento de cuentas
- Determinación de permisos
- Desactivación y borrado de cuentas
- Implementación de restricciones
- Vigilancia y auditoría

3. ¿Cuál es la función principal del centro de administración de Exchange (EAC) en la gestión de un servidor Exchange?

a. Facilitar la programación automática de respuestas de correo electrónico para usuarios específicos.
b. Proporcionar una interfaz gráfica web para ejecutar tareas administrativas clave, como la gestión de buzones de correo.
c. Supervisar la seguridad del servidor Exchange y prevenir ataques cibernéticos.
d. Aumentar la capacidad de almacenamiento del servidor mediante la compresión de datos.

4. ¿Cómo se crean los buzones de usuario en *Microsoft Exchange Server?*

La creación de un nuevo buzón de usuario en *Exchange* implica la generación automática del usuario de *Active Directory* correspondiente. Los buzones de usuario pueden ser creados a través del centro de administración de Exchange (EAC) o utilizando el *shell* de administración de *Exchange.* Además, es posible importar y exportar buzones a archivos .pst en versiones *Exchange Server 2016* y *2019.*

5. ¿Qué comando hay que utilizar para crear una cuenta de usuario en *Postfix?*

El comando que se utiliza es adduser, de la siguiente manera: sudo adduser nombre_ de_usuario.

6. ¿Cuál es el beneficio principal de utilizar lotes de migración en el centro de administración de Exchange (EAC) para la gestión del almacenamiento?

a. Permite una auditoría detallada y un seguimiento en tiempo real de todos los mensajes de correo electrónico enviados y recibidos.

b. Facilita la transferencia de buzones de correo a *Microsoft 365* u *Office 365*, optimizando la gestión del almacenamiento en la nube.

c. Incrementa la seguridad de los datos mediante el uso de encriptación avanzada durante la transferencia de buzones.

d. Reduce el consumo de energía del servidor, al disminuir la cantidad de datos almacenados localmente.

7. Explique brevemente la importancia de la asignación de espacio de almacenamiento en la administración de cuentas de correo electrónico.

Asignar espacio de almacenamiento adecuado es crucial para mantener un flujo de mensajes eficiente y capacidad suficiente para almacenar correos. Las cuotas de almacenamiento y las políticas de retención son importantes para optimizar el uso del espacio.

8. Enumere dos aspectos que implican la gestión de buzones en sistemas de correo electrónico.

- Creación y personalización de buzones
- Implementación de filtros y respuestas automáticas
- Vigilancia continua y mantenimiento regular
- Gestión de capacidad de almacenamiento

9. ¿Cómo impactan las configuraciones bajo la pestaña RFC compliance en *hMailServer* el rendimiento y la gestión del servidor?

    a. Permitiendo la autenticación de texto plano y otras flexibilidades, estas opciones pueden aumentar la carga de trabajo del servidor, al procesar mensajes que no cumplen con los estándares.

    b. Reduciendo la cantidad de datos que el servidor necesita procesar, al rechazar automáticamente mensajes no conformes.

    c. Aumentando la velocidad de transferencia de mensajes, al eliminar la necesidad de verificar la conformidad con los estándares RFC.

    d. Mejorando directamente la seguridad de los mensajes al asegurar que todos los mensajes cumplan estrictamente con los estándares RFC.

10. Describa la importancia del proceso de autenticación y seguridad en la administración de cuentas de correo electrónico.

La autenticación y seguridad son cruciales para proteger las credenciales de acceso y prevenir accesos no autorizados. Esto incluye medidas como la autenticación multifactor y políticas de contraseñas robustas.

11. Explique brevemente la importancia de la vigilancia y auditoría en la administración de cuentas de correo electrónico.

La vigilancia y auditoría permiten monitorear el uso de las cuentas, identificar comportamientos anómalos y realizar auditorías para mantener la seguridad del sistema y detectar posibles brechas.

12. En la gestión de buzones de correo, ¿cuál es un elemento importante para personalizar según las necesidades del usuario?

    ▎ Implementación de filtros para organizar mensajes
    ▎ Activación de respuestas automáticas
    ▎ Establecimiento de directivas de reenvío de correos

13. **¿Cuál de estas opciones no es una práctica de gestión de almacenamiento de correo electrónico?**

    a. Implementación de cuotas de almacenamiento
    b. **Restricción de acceso a correos basados en contenido**
    c. Políticas de retención
    d. Archivado de correos electrónicos

14. **¿Cuál es la función de la opción Maximum number of simultaneous connections en un servidor SMTP configurado en *hMailServer?***

    a. Determina cuántos correos electrónicos el servidor puede procesar al mismo tiempo.
    b. **Establece el límite de cuántas conexiones pueden estar activas simultáneamente en el servidor.**
    c. Controla el número máximo de mensajes de correo electrónico que un usuario puede enviar en un día.
    d. Limita el número de mensajes que se pueden reenviar a un servidor SMTP externo.

15. **¿Qué implica la configuración Allow empty sender address en *hMailServer?***

    Permite enviar correos electrónicos sin especificar una dirección de remitente, lo cual puede ser utilizado en ciertas configuraciones administrativas.

Solucionario Capítulo 2

1. **¿Cuáles son los tres componentes clave que influyen en el rendimiento de un sistema de correo electrónico?**

   Los tres componentes clave son el *hardware,* el sistema operativo y las aplicaciones.

2. **Explique cómo el *hardware* influye en el rendimiento de un sistema de correo electrónico.**

   El *hardware* proporciona la infraestructura física necesaria para procesar y almacenar correos electrónicos, y la red para su transmisión. Un *hardware* adecuado es crucial para evitar cuellos de botella y permitir una operación eficiente cuando las cargas de trabajo son elevadas.

3. **¿Cuál de las siguientes no es una función del sistema operativo en un sistema de correo electrónico?**

   a. Gestionar recursos físicos.
   b. Proporcionar un entorno seguro y estable para aplicaciones.
   c. Gestionar directamente las colas de mensajes de correo electrónico.
   d. Configurarse para un uso eficiente de los recursos.

4. **Mencione dos formas en que las aplicaciones de correo electrónico pueden ser optimizadas.**

   ▪ Gestión eficaz de la memoria
   ▪ Priorización de procesos críticos
   ▪ Optimización de la red
   ▪ Implementación de medidas de seguridad estrictas

5. **¿Cuál es la importancia de la actualización regular del *hardware* en un sistema de correo electrónico?**

   La actualización regular del *hardware* es importante para aumentar la capacidad de procesamiento y almacenamiento, así como para asegurar la escalabilidad y adaptarse al crecimiento, manteniendo una operación eficiente.

6. **Indique dos acciones sugeridas para la optimización de la red en los sistemas de correo electrónico.**

   ▌ Monitoreo de latencia para asegurar un envío rápido de *e-mails*
   ▌ Balanceo de carga para prevenir sobrecargas en los servidores
   ▌ Optimización del DNS

7. **¿Cuál de estas no es una recomendación para la gestión eficaz de la memoria en un sistema de correo electrónico?**

   a. Supervisión del uso de memoria
   b. Liberación de memoria cerrando programas no esenciales
   c. **Desactivación periódica de servicios de correo para liberar memoria**
   d. Optimización del uso de caché

8. **Explique la importancia de la priorización de procesos críticos en un sistema de correo electrónico.**

   Priorizar procesos críticos asegura que funciones importantes como la entrega de mensajes y la autenticación se ejecuten sin interrupciones, asignando más recursos a estos procesos vitales.

9. **En el contexto de los servidores SMTP, ¿qué implica la configuración de la cola de mensajes?**

   Implica ajustar la cola de envío para procesar los correos salientes de manera eficaz, garantizando una gestión eficiente y rápida de los mensajes salientes.

10. **¿Cuál de los siguientes no es una estrategia de optimización para servidores POP/ IMAP?**

    a. Limitación del tamaño de los buzones
    b. Creación de índices de búsqueda
    c. **Restricción del número de correos enviados por usuario**
    d. Uso de caché para disminuir la demanda sobre el servidor

11. **Mencione una acción sugerida para mejorar la seguridad en un sistema de correo electrónico.**

   ▪ Uso de *firewalls* y filtrado para restringir accesos no autorizados.
   ▪ Cifrado de datos para proteger la información sensible.
   ▪ Actualizaciones de seguridad.

12. **¿Cómo influye la configuración del número máximo de conexiones simultáneas en la eficiencia del servidor SMTP?**

   a. **Estableciendo un número alto de conexiones simultáneas puede maximizar la capacidad de procesamiento de correos, pero también puede incrementar el riesgo de sobrecargas del servidor.**
   b. Un número limitado de conexiones simultáneas aumenta el tiempo de espera para la entrega de correos, lo cual mejora la seguridad del servidor.
   c. Reduciendo el número de conexiones simultáneas se disminuye la eficiencia del servidor al procesar correos.
   d. Un número ilimitado de conexiones simultáneas garantiza una mejor autenticación y seguridad al procesar correos.

13. **¿Cuál de las siguientes no es una función de un servidor web en un sistema de correo electrónico?**

   a. Procesar peticiones HTTP/HTTPS asociadas al correo electrónico.
   b. Implementar *hardware* avanzado para gestionar las solicitudes.
   c. **Gestionar directamente la cola de mensajes de correo electrónico.**
   d. Usar balanceadores de carga avanzados.

14. **Mencione una práctica recomendada para la implementación de filtros antivirus/antispam en un sistema de correo electrónico.**

   ▪ Configuración avanzada de filtros para una gestión eficiente del *spam*.
   ▪ Implementación de listas blancas dinámicas para evitar falsos positivos.
   ▪ Incorporar tecnologías avanzadas para identificar intentos de suplantación y *phishing*.
   ▪ Etiquetado inteligente de mensajes.

15. ¿Qué papel juega el uso de tecnologías como *ReadyBoost* en la mejora del rendimiento de un sistema de correo electrónico?

ReadyBoost permite utilizar dispositivos externos como una caché adicional, lo que puede mejorar notablemente la velocidad de carga de aplicaciones y la respuesta del sistema, optimizando así el rendimiento general del sistema de correo electrónico.

Solucionario Capítulo 3

1. **¿Cuál es el propósito principal de implementar un sistema de monitorización en un sistema de correo electrónico?**

   El propósito principal es asegurar el óptimo funcionamiento y la disponibilidad constante del sistema de correo electrónico.

2. **Mencione dos características clave que deben tener las herramientas de monitorización para sistemas de correo electrónico.**

   ▎ Capacidad de seguimiento en tiempo real
   ▎ Generación de alertas automáticas
   ▎ Elaboración de informes exhaustivos

3. **¿Cuál de los siguientes no es un aspecto fundamental en la selección de herramientas de monitorización?**

   a. Compatibilidad con la infraestructura existente
   b. Capacidad de publicar actualizaciones en redes sociales
   c. Seguimiento en tiempo real
   d. Generación de alertas automáticas

4. **Explique la función de los sensores o agentes en un sistema de monitorización de correo electrónico.**

   Los sensores o agentes se despliegan en los servidores y componentes críticos para recoger información relevante sobre el estado y rendimiento del sistema. Se centran en métricas fundamentales como el uso de CPU, la memoria y la latencia de la red.

5. **¿Por qué es importante establecer umbrales de alerta en un sistema de monitorización?**

   Establecer umbrales de alerta es clave para identificar anomalías o problemas de rendimiento que requieren atención. Se deben basar en prácticas recomendadas y experiencias anteriores.

6. **Mencione un aspecto clave que se debe probar en la validación de un sistema de monitorización de correo electrónico.**

   ▪ Precisión de las alertas generadas
   ▪ Fiabilidad en la recopilación de datos

7. **¿Cuál es la importancia de monitorizar el uso de CPU en un sistema de correo electrónico?**

   Monitorizar el uso de CPU es vital para identificar periodos de alta demanda y detectar cuellos de botella potenciales. Se debe monitorizar el uso dentro de los límites que permitan gestionar picos de carga eficientemente.

8. **¿Qué indica un uso elevado y constante de memoria en un sistema de correo electrónico?**

   Un uso elevado y constante de memoria puede indicar el agotamiento de recursos, lo que podría decelerar o interrumpir el servicio. Resalta la importancia de garantizar suficiente memoria para las necesidades operativas críticas del sistema.

9. **¿Cuál de los siguientes no es una métrica clave en la monitorización de un sistema de correo electrónico?**

   a. Uso de la CPU
   b. Espacio en disco
   c. **Número de correos electrónicos no leídos**
   d. Latencia de la red

10. **Explique cómo la monitorización del espacio en disco afecta la continuidad operativa de un sistema de correo electrónico.**

   Monitorizar el espacio en disco es crucial para prevenir la saturación de capacidad, lo cual podría impedir la recepción o envío de nuevos correos. Una gestión anticipada del espacio es clave para mantener la continuidad operativa.

11. ¿Qué impacto tiene una alta latencia de red en un sistema de correo electrónico?

Una alta latencia de red impacta directamente en la rapidez de transmisión de los correos electrónicos. Supervisar este aspecto es crucial para optimizar el rendimiento de la red.

12. ¿Por qué es importante la compatibilidad de las herramientas de monitorización con la infraestructura existente?

La compatibilidad asegura una integración fluida de las herramientas de monitorización con el sistema de correo existente, lo que evita conflictos y garantiza una supervisión efectiva.

13. ¿Cuál es el resultado de no establecer umbrales de alerta adecuados en un sistema de monitorización?

La falta de umbrales de alerta adecuados puede llevar a una respuesta tardía a problemas críticos o a la generación de falsas alarmas. Afectará la eficiencia y la confiabilidad del sistema de monitorización.

14. ¿Cuál es el propósito de configurar el "Number of retries" y el "Minutes between every retry" en *hMailServer?*

a. Determinar cuántos correos electrónicos se pueden enviar simultáneamente desde el servidor.
b. Establecer el número de intentos y el intervalo de tiempo entre cada intento para reenviar correos no entregados inicialmente.
c. Configurar la frecuencia de actualización del software de seguridad y la autenticación SMTP.
d. Limitar la cantidad de correos electrónicos que un usuario puede enviar en un período de tiempo específico.

15. ¿Cómo se utiliza la configuración de "IP Ranges" en *hMailServer* para mejorar la seguridad del sistema de correo?

   a. Permitiendo que cualquier IP envíe correos sin restricciones para maximizar la eficiencia del servidor.

   b. Estableciendo que solo las IP dentro de la red corporativa pueden enviar sin autenticación, mientras que las externas requieren autenticación SMTP.

   c. Configurando todas las IP para que requieran autenticación de texto plano para simplificar la administración de seguridad.

   d. Limitando el acceso al servidor de correo a unas pocas IP seleccionadas para reducir el uso de la CPU y la memoria.

Solucionario Capítulo 4

1. **¿Cuál es el objetivo principal de la Ley 34/2002 (LSSI-CE) en España?**

   Regular el comercio por Internet, enfocándose en transparencia, comunicaciones comerciales y responsabilidad de intermediarios.

2. **Mencione un requisito que deben cumplir las comunicaciones electrónicas comerciales según la LSSI-CE.**

   - Proveer datos claros sobre la identidad de la empresa y sus productos o servicios.
   - Cumplimiento con la legislación al enviar *e-mails* de *marketing* o publicidad *online*.

3. **¿Qué aspecto no es regulado por la LSSI-CE?**

   a. Contratación electrónica
   b. Transparencia en comunicaciones comerciales
   c. **Gestión de datos personales de empleados**
   d. Responsabilidad de intermediarios en línea

4. **¿Qué principios deben seguir las organizaciones al tratar datos personales según la LOPDGDD?**

   Las organizaciones deben seguir los principios de licitud, lealtad y transparencia, finalidad, minimización de datos, exactitud, limitación del plazo de conservación, integridad y confidencialidad, y responsabilidad proactiva.

5. **¿Cuáles son algunos de los derechos del usuario garantizados por la LOPDGDD?**

   Los derechos del usuario incluyen el derecho de acceso, de rectificación, de supresión (derecho al olvido), a la limitación del tratamiento, a la portabilidad de los datos y de oposición.

6. ¿Qué obligaciones tienen los responsables y encargados del tratamiento de datos en la LOPDGDD?

Los responsables y encargados del tratamiento deben llevar un registro detallado de todas las actividades de tratamiento de datos personales, realizar evaluaciones de impacto cuando un tratamiento pueda implicar un alto riesgo y, en ciertos casos, nombrar un delegado de protección de datos (DPD) para supervisar el cumplimiento de la normativa.

7. ¿Qué indica la norma ISO/IEC 27002:2022?

Proporciona orientación sobre la implementación de un sistema de gestión de seguridad de la información, basada en prácticas de seguridad reconocidas internacionalmente.

8. Mencione un beneficio de implementar los controles de seguridad sugeridos en ISO 27002:2022.

- Proteger los activos de información con prácticas de seguridad reconocidas a nivel internacional.
- Aumentar la confianza de clientes y socios.

9. ¿Cuál es la importancia de establecer un objetivo de tiempo de recuperación (RTO) en un plan de recuperación ante desastres?

Es importante porque define el lapso máximo aceptable para restablecer los servicios tras un desastre, orientando las medidas y decisiones en el proceso de recuperación.

10. Explique la diferencia entre copias completas y copias incrementales en las estrategias de copia de seguridad.

Las copias completas duplican toda la información en cada operación, mientras que las copias incrementales solo duplican los datos modificados desde el último respaldo realizado.

11. **¿Cuál de las siguientes no es una práctica recomendada en la estrategia de copia de seguridad?**

    a. Hacer copias de seguridad completas.
    b. Almacenar todas las copias de seguridad en un solo dispositivo.
    c. Rotar medios.
    d. Hacer copias de seguridad incrementales.

12. **¿Qué se busca preservar con la propiedad de seguridad de la información en ISO/IEC 27002:2022?**

Se busca preservar la confidencialidad, integridad o disponibilidad de la información.

13. **Mencione un cambio introducido en la última revisión de ISO/IEC 27002 en 2022.**

    ▌ Reducción y reorganización de controles
    ▌ Introducción de nuevos controles para abordar la seguridad de la información en la nube

14. **¿Qué papel juega el registro de punto de recuperación (RPO) en un plan de recuperación ante desastres?**

Determina el momento máximo en el que los datos pueden perderse sin causar un impacto severo en la organización, lo que orienta la estrategia de copias de seguridad.

15. **¿Cuál es el propósito de la regla 3-2-1 en la gestión de copias de seguridad?**

Sugiere mantener tres versiones de los datos en dos tipos de medios diferentes, además de asegurar que una de las copias se guarde en una ubicación remota, para proteger contra la pérdida total de datos en caso de desastre.

Solucionario Capítulo 5

1. **¿Qué finalidad tiene el plan de pruebas en la auditoría de los servicios de mensajería electrónica?**

   El plan de pruebas tiene como objetivo detectar y solucionar problemas de forma efectiva en los servicios de mensajería electrónica.

2. **Mencione dos etapas importantes en la elaboración de un plan de pruebas para la auditoría de servicios de mensajería electrónica.**

   - Reconocimiento de los servicios de mensajería electrónica
   - Establecimiento de los parámetros de evaluación
   - Elección de instrumentos de evaluación
   - Implementación de las evaluaciones
   - Examen de los hallazgos
   - Intervención sobre las incidencias

3. **¿Cuáles son dos aspectos que se evalúan durante la auditoría de servicios de mensajería electrónica?**

   - Seguridad de la información
   - Eficacia del servicio
   - Usabilidad
   - Continuidad y accesibilidad del servicio

4. **¿Cuál de los siguientes ejemplos podría considerarse como una herramienta de evaluación en la auditoría de servicios de mensajería?**

   a. Calculadora de costos
   b. ***Software* de monitoreo de red**
   c. Hoja de cálculo de inventario
   d. Herramienta de diseño gráfico

5. ¿Qué es un SLA y cuál es su importancia en los servicios de mensajería electrónica?

Un SLA es un convenio formalizado entre un proveedor de servicios y sus clientes que estipula el estándar de calidad de servicio esperado, incluyendo aspectos como la disponibilidad del servicio y los tiempos de respuesta a incidencias.

6. Enumere dos estrategias importantes para asegurar la alta disponibilidad en los sistemas de mensajería electrónica.

- Sistemas de respaldo
- Redundancia de datos
- Protocolos de recuperación de desastres

7. ¿Cuál es la meta de disponibilidad en porcentaje que los servicios de mensajería electrónica de alta calidad suelen aspirar a alcanzar?

Los servicios de alta calidad suelen aspirar a alcanzar el 99,999 % de disponibilidad, conocido como "cinco nueves".

8. Indique un ejemplo de cómo se puede implementar la redundancia de datos en los sistemas de mensajería electrónica.

- Duplicación de componentes críticos del sistema en diferentes ubicaciones físicas o en la nube
- Uso de RAID en sistemas de almacenamiento para duplicar los datos en varios discos duros

9. Describa brevemente cómo el balanceo de carga contribuye a la alta disponibilidad en los sistemas de mensajería electrónica.

El balanceo de carga distribuye equitativamente las solicitudes de los usuarios entre varios servidores para evitar puntos de congestión, optimizando tanto la disponibilidad como el rendimiento del sistema.

10. **¿Cuál de los siguientes ejemplos es un método efectivo para manejar fallos en los sistemas de correo para mantener su alta disponibilidad?**

    a. Incremento en la capacidad de almacenamiento
    b. Implementación de sistemas de respaldo
    c. Reducción de la cantidad de usuarios
    d. Eliminación de correos antiguos

11. **¿Qué función cumplen los protocolos de recuperación de desastres en los servicios de mensajería electrónica?**

Los protocolos de recuperación de desastres están diseñados para restaurar la operatividad del servicio lo más rápido posible después de un desastre, para minimizar el impacto negativo en el negocio.

12. **Mencione dos elementos que se deben considerar en la preparación ante posibles interrupciones en los servicios de mensajería electrónica.**

    ▮ Creación de planes de recuperación detallados
    ▮ Implementación de sistemas de monitoreo en tiempo real
    ▮ Actualización regular del *software*

13. **¿Cuál es el impacto de no cumplir con los SLA en los servicios de mensajería electrónica?**

El incumplimiento de los SLA puede resultar en sanciones para el proveedor, tales como compensaciones de servicio, descuentos o incluso la rescisión del acuerdo.

14. **Explique la importancia del mantenimiento preventivo en los sistemas de mensajería electrónica.**

El mantenimiento preventivo, incluyendo la actualización regular del *software* y la revisión de la integridad de los datos, es crucial para prevenir problemas antes de que ocurran. Aseguran la continuidad y eficiencia del servicio.

15. ¿Cuál de los siguientes aspectos NO es comúnmente asegurado por un SLA en el contexto de los servicios de mensajería electrónica?

    a. Porcentaje de tiempo de operatividad del servicio
    b. **Capacidad máxima de almacenamiento de *e-mails***
    c. Tiempo de respuesta a consultas de usuarios
    d. Plazo para la resolución de problemas

Solucionario Capítulo 6

1. **¿Qué son las acciones de contención o *workarounds?* ¿Cuál es su propósito en la gestión de incidentes?**

   Las acciones de contención o *workarounds* son soluciones provisionales utilizadas para mantener la operatividad de los servicios de mensajería electrónica mientras se resuelve un incidente de manera definitiva. Su propósito principal es reducir el impacto sobre el servicio y los usuarios finales.

2. **¿Cuál es el primer paso para aplicar un *workaround* en un servicio de mensajería electrónica?**

   El primer paso es la correcta identificación del problema, lo que incluye la comprensión detallada de su naturaleza, las causas y los efectos sobre el funcionamiento del servicio.

3. **¿Qué acción específica se debe realizar después de implementar un *workaround?***

   Supervisar el sistema para confirmar que el *workaround* opera adecuadamente y que no genera nuevos problemas.

4. **¿Qué *workaround* se aplicaría en caso de un fallo de servidor en un servicio de mensajería electrónica?**

   El *workaround* sería la redirección del tráfico a servidores de respaldo, mientras se repara el servidor principal para mantener la continuidad del servicio.

5. **¿Cuál de los siguientes objetivos corresponde al *workaround* de limitar temporalmente el número de solicitudes de usuario?**

   a. **Prevenir la caída del sistema por sobrecarga.**
   b. Aumentar la capacidad de almacenamiento.
   c. Mejorar la velocidad de respuesta del servidor.
   d. Reducir los costos operativos.

6. ¿Qué medida se debe tomar si un sistema de mensajería presenta errores de *software*?

Un *workaround* efectivo sería la reversión a una versión anterior del *software*, mientras se desarrolla y prueba un parche para corregir el error.

7. ¿Cuál es el *workaround* que se puede aplicar en caso de problemas de conectividad en servicios de mensajería electrónica?

El *workaround* que se puede utilizar es una VPN, como alternativa para sortear problemas de conectividad de red.

8. ¿Qué *workaround* ayudaría a proteger la información de los usuarios ante un fallo de seguridad?

La implementación de controles de acceso temporales más estrictos hasta resolver la vulnerabilidad es un *workaround* efectivo para proteger los datos durante un fallo de seguridad.

9. Describa un *workaround* aplicable cuando hay retrasos en la entrega de mensajes en un servicio de mensajería electrónica.

Un *workaround* efectivo sería la priorización de mensajes críticos y ajustes en la configuración del servidor para manejar el flujo de mensajes de manera más eficiente, con lo cual se minimiza así el impacto de los retrasos.

10. ¿Cuál de los siguientes no es un objetivo de los *workarounds* en la gestión de incidentes?

    a. Mantener la continuidad del servicio.
    b. Acelerar los tiempos de respuesta definitiva.
    c. Aumentar permanentemente la capacidad del sistema.
    d. Proteger la información y los datos de usuario.

11. ¿Qué es el análisis de causa-raíz en el contexto de la gestión de incidentes en mensajería electrónica?

El análisis de causa-raíz es un procedimiento sistemático destinado a identificar la fuente primordial de un problema en los servicios de mensajería electrónica, con el objetivo de evitar la reaparición del mismo problema y mejorar la gestión de futuros incidentes.

12. Mencione una actividad que se realiza durante el proceso de análisis de causa-raíz.

- Reconocimiento del incidente
- Recolección de datos, incluyendo registros de sistema y reportes de errores
- Determinación de la causa primaria, mediante métodos como el diagrama de Ishikawa o análisis de Pareto
- Aplicación de medidas correctivas
- Comprobación de que las medidas son efectivas
- Documentación del proceso completo, desde el análisis hasta la solución implementada

13. ¿Qué método de análisis de causa-raíz es conocido por su enfoque en preguntar repetidamente los porqués hasta alcanzar la causa fundamental?

Es el método de los cinco porqués.

14. Explique cómo contribuyen las pruebas regulares a la gestión proactiva de problemas en los sistemas de mensajería electrónica.

Las pruebas regulares, que evalúan rendimiento, seguridad y funcionalidad, son fundamentales para identificar y resolver problemas antes de que afecten negativamente a los usuarios, contribuyendo así a una gestión proactiva eficiente.

15. **¿Cuál de los siguientes pasos no forma parte de la monitorización continua en la gestión proactiva de problemas?**

    a. Establecer umbrales de comportamiento normal.
    b. Aumentar la frecuencia de las comunicaciones de *marketing*.
    c. Revisar y analizar las alertas generadas.
    d. Poner en práctica acciones correctivas o registrar problemas para investigaciones detalladas.

Solucionario Capítulo 7

1. **¿Cuál es el objetivo principal de la monitorización en la administración de servicios de mensajería electrónica?**

   El objetivo principal es identificar de manera proactiva cualquier anomalía o mal funcionamiento para permitir una intervención rápida antes de que los usuarios se vean afectados.

2. **Nombre un indicador de rendimiento comúnmente rastreado en los sistemas de monitorización de servicios de mensajería electrónica.**

   - Disponibilidad del servicio
   - Tiempos de respuesta
   - Tasas de error

3. **¿Qué acción se toma cuando un sistema de monitorización detecta que un indicador excede de un umbral predefinido?**

   El sistema genera una alerta automática que notifica al equipo de administración para investigar y resolver el problema.

4. **Mencione tres tipos de sistemas de monitorización utilizado en los servicios de mensajería electrónica y describe sus funciones.**

   - Sistemas de monitorización de rendimiento: supervisan el uso de CPU, la memoria, el disco y la conectividad de red.
   - Sistemas de monitorización de seguridad: protegen los servicios de correo electrónico de amenazas externas mediante *firewalls,* escáneres de vulnerabilidad y *software* antivirus.
   - Sistemas de monitorización de red: facilitan la supervisión del tráfico de red, con lo que ayudan a identificar y resolver problemas de conectividad.
   - Sistemas de monitorización de servicios de red: permiten la supervisión específica de servicios de red esenciales como SMTP, POP3, HTTP y SNMP.
   - Sistemas de monitorización de la experiencia del usuario: se especializan en evaluar cómo los usuarios interactúan con los servicios de mensajería electrónica. Se anticipan a problemas que puedan afectar negativamente a la experiencia del usuario.

■ Sistemas de gestión de servicios de negocio (BSM): estos sistemas van más allá de la simple monitorización técnica, se enfocan en cómo los servicios de TI afectan y se alinean con los objetivos comerciales de la organización.

5. **¿Cómo puede la monitorización continua ayudar a identificar problemas de capacidad en un servicio de mensajería electrónica?**

Al recoger datos sobre los tiempos de respuesta y observar su incremento durante ciertas horas, se puede identificar un problema de capacidad que necesita atención.

6. **¿Qué es un *log* en el contexto de los servicios de mensajería electrónica y qué tipo de información puede contener?**

Los *logs* son registros que documentan todas las operaciones llevadas a cabo por el sistema, además de cualquier incidente, incluyendo detalles sobre mensajes transmitidos y recibidos, fallos del sistema y tentativas de acceso.

7. **Nombre tres pasos importantes en el análisis de los *logs* de un servicio de mensajería electrónica.**

■ Recolección de *logs*
■ Preprocesamiento de *logs*
■ Análisis de *logs* utilizando herramientas especializadas
■ Identificación de errores frecuentes
■ Detección de intentos de acceso fallidos
■ Resolución de problemas
■ Seguimiento posterior a la implementación de soluciones

8. **¿Qué característica de seguridad es posible configurar en *Google Workspace* para proteger las cuentas de correo electrónico?**

a. **Cifrado de mensajes y autenticación de dos factores**
b. Supervisión constante del tráfico de correo electrónico
c. Diagnóstico automático de problemas de conectividad
d. Redirección automática de correo a servidores alternativos

9. ¿Cuál es la utilidad de las herramientas de supervisión del rendimiento en la gestión de servicios de mensajería electrónica?

Permiten la observación en tiempo real del funcionamiento del sistema, con lo que ayudan a identificar y resolver problemas de rendimiento o cuellos de botella.

10. ¿Cómo pueden las herramientas de administración de procesos ayudar a optimizar el rendimiento en los servicios de mensajería electrónica?

Estas herramientas permiten visualizar y gestionar los procesos en ejecución. Pueden terminar o reiniciar aquellos que consumen demasiados recursos y causan problemas.

11. ¿Cuál es la función principal de *Nagios* en la gestión de servicios de mensajería?

    a. Facilitar la creación y configuración de cuentas de correo electrónico.
    b. Monitorear servidores y servicios de correo electrónico, y enviar alertas en caso de detectar problemas.
    c. Ofrecer herramientas de diagnóstico y resolución de problemas para servidores de correo.
    d. Permitir la autenticación de dos factores y el cifrado de correos electrónicos.

12. ¿Qué tipo de herramientas son cruciales para proteger los servicios de mensajería electrónica de amenazas externas?

Las herramientas de seguridad (que incluyen cortafuegos, escáneres de vulnerabilidades y *software* antivirus) son esenciales para defender los servicios de amenazas externas.

13. ¿Cuál de las siguientes no es una función de las herramientas de gestión de cuotas en servicios de mensajería electrónica?

    a. Establecer límites de almacenamiento por usuario.
    b. Incrementar automáticamente la capacidad de almacenamiento sin supervisión.
    c. Prevenir el agotamiento de los recursos.
    d. Mantener la eficiencia del sistema.

14. Explique cómo la filtración de *spam* mejora la calidad del servicio en la mensajería electrónica.

La filtración de *spam* utiliza técnicas como listas negras y filtros de contenido para bloquear mensajes no deseados, con lo cual se protege a los usuarios de correos perjudiciales y se mantiene la calidad del servicio.

15. ¿Qué beneficio ofrece la configuración de políticas de seguridad en los servicios de mensajería electrónica?

La configuración de políticas de seguridad, incluyendo la implementación de autenticación de dos factores y el cifrado de mensajes, protege los datos de los usuarios y mantiene la confidencialidad de la información.

Solucionario 5
Selección, instalación, configuración y administración de los servidores de transferencia de archivos

Solucionario Capítulo 1

1. ¿Qué es la transferencia de archivos?

   Es el intercambio de información entre dos ordenadores, que si se realiza a través de la red permite que los archivos se encuentren disponibles para los usuarios de dicha red.

2. Indique si las siguientes afirmaciones son verdaderas o falsas.

   a. La comunicación en Internet se realiza por medio protocolos de red.

      ☑ **Verdadero**
      ☐ Falso

   b. El modelo de capas de referencia es el modelo ISO.

      ☐ Verdadero
      ☑ **Falso**

   c. La información que se transfiere por la red se divide en paquetes.

      ☑ **Verdadero**
      ☐ Falso

   d. El modelo TCP/IP está formado por cuatro capas: aplicación, transporte, Internet y red.

      ☑ **Verdadero**
      ☐ Falso

3. Relacione cada archivo con el tipo de formato que se trate:

    a. Video.
    b. Imagen.
    c. Texto.

    c. .odp
    a. .ogv
    b. .tiff
    a. .avi
    b. .png
    c. .pdf
    a. .mpeg

4. ¿Para qué se emplea el protocolo FTP?

    a. Para la conexión a un servidor HTTP.
    b. Para el envío de correos entre servidores.
    c. Para la transferencia y compartición de archivos entre sistemas conectados a una red TCP/IP.
    d. Para la compartición de archivos en un servidor web.

5. Coloque en el espacio en blanco la palabra más adecuada.

    a. El protocolo **SMTP** es el estándar en Internet para el envío y recepción de correos entre **servidores**.
    b. El Protocolo de Transferencia de **Hipertexto** se emplea desde 1990 para el intercambio de información **hipertextual**.
    c. **POP/IMAP** los utilizan las aplicaciones de correo cliente para recuperar el correo de los servidores mediante **autenticación**.

6. Defina FTP.

El Protocolo de Transferencia de Archivos (FTP) se define, según la especificación RFC 959, como un protocolo orientado a la conexión para compartir archivos entre máquinas remotas a través de la red y el acceso a las mismas, independizar las necesidades de los usuarios de diferentes sistemas de archivos y conseguir una transferencia de datos rápida y fiable.

**7. Rellene la tabla siguiente de los tipos de cliente/servidor con algunas característi-
cas significativas de cada uno.**

Tipo cliente/servidor	Características
FTP	- Protocolo FTP. - Puerto 20 y 21. - Transferencia de información bidireccional. - El cliente realiza dos conexiones. - Cliente FTP libre: *Filezilla*.
WEB	- Protocolo HTTP. - Puerto 80. - Sistema abierto. - Servidor web: *CERN httpd, Apache* y *Microsoft Internet Information Server*. - Cliente web o navegador: *Internet Explorer, Mozilla Firefox, Opera* y *Safari*.
CORREO ELECTRÓNICO	- Puerto 110/143. - Cliente correo electrónico: *Mozilla Thunderbird, Microsoft Outlook* y *Eudora Mail*. - Servidor correo electrónico: POP3, IMAP y SMTP. - Intervienen: MUA (Agente Usuario de Correo), MTA (Agente de Transferencia de Correo) y MDA (Agente de Entrega de Correo).

8. ¿Cómo funciona un servidor/cliente web?

- Los pasos su funcionamiento son:
- El servidor web se encuentra a la espera de una solicitud por parte de un navegador.
- El usuario abre el navegador o cliente web y envía la petición.
- Se procesa la petición por parte del servidor, el cual manda el resultado al cliente.
- Cuando el usuario finaliza la conexión, el servidor se mantiene a la espera de futuras peticiones.

9. Explique la diferencia entre un cliente y un servidor.

Un servidor es cualquier computadora que contiene la información, el programa o servicio para ser compartidos por varios clientes; mientras que un cliente es el programa de aplicación en el equipo del usuario que se ejecuta para acceder a un recurso en un servidor remoto.

10. ¿Qué servidores no siguen el tradicional modelo cliente-servidor?

El modelo que no sigue el tradicional cliente-servidor es el peer-to-peer (P2P), el cual lo forman un conjunto de nodos que actúan como clientes y como servidores, siendo iguales entre sí.

11. Enumere algunos tipos de tecnologías cliente/servidor.

De ficheros, de bases de datos, de transacciones, de aplicaciones de objetos, de aplicaciones web y *Groupware*.

12. ¿A qué se hace referencia cuando se habla de ancho de banda? ¿Y de tasa de transferencia?

Al hablar de ancho de banda se hace referencia a la cantidad de datos que se pueden enviar por medio de una conexión de red en una cantidad de tiempo determinada; y con tasa de transferencia a la medida real del ancho de banda.

13. Indique cuáles son los tipos de acceso de ancho de banda más utilizados.

- Conexión xDSL: ADSL2 y VDSL2.
- Fibra óptica.
- Tecnologías de nueva generación: 4G y 5G.

14. **¿Qué afirmación acerca del servicio de ficheros no es correcta? Justifique la respuesta.**

    a. **NFS lo emplea *Windows* para el acceso remoto a un sistema de archivos a través de la red.**

    b. El *Common Internet File System* es una actualización del protocolo SMB.

    c. Un servicio de ficheros es un almacenamiento de aplicaciones y/o datos en el servidor que hay que descargarse cuando se desee utilizar.

15. **¿Cuáles son los servidores de ficheros?**

Como servidores de ficheros se encuentran:

- NFS.
- CIFS/SAMBA.
- SAMBA.

 Solucionario Capítulo 2

1. ¿Qué es un servidor?

Es el *software* que permite que se configure un equipo informático como un servidor en una red local para acceder a los recursos; y también se conoce como servidor a cualquier equipo informático con un *hardware* determinado que suministra la información que le solicitan otros ordenadores llamados clientes.

2. Enumere las distintas formas de conexión de un cliente a un servidor.

Un cliente gráfico FTP, la interfaz de comandos o mediante un navegador web.

3. Indique si las siguientes afirmaciones son verdaderas o falsas.

a. Un servidor se conecta todos los días del año durante 12 horas al día.

☐ Verdadero
☑ **Falso**

b. La conexión de control en un servidor FTP se realiza por el puerto 80.

☐ Verdadero
☑ **Falso**

c. Un servidor de transferencia de archivos no tiene mucha capacidad de almacenamiento.

☐ Verdadero
☑ **Falso**

d. Una conexión FTP puede realizarse en modo activo o pasivo.

☑ **Verdadero**
☐ Falso

4. Relacione cada servidor con la función que realiza:

    a. Servidor audio/video.
    b. Servidor de correo.
    c. Servidor web.

    a. Contenido multimedia.
    c. Información en HTML.
    a. *Streaming.*
    b. Envío/recepción de *e-mail.*

5. Una plataforma informática es:

    a. Un *software.*
    b. Un *hardware.*
    c. La plataforma *hardware* que describe a la arquitectura del ordenador y el *software* propietario que se instala en ella.
    d. Tanto el *hardware* como el *software* necesarios para ejecutar un programa y/o aplicación, donde la plataforma *hardware* se refiere a la arquitectura del ordenador, y la plataforma *software* al sistema operativo, interfaces del usuario y entorno de programación.

6. Coloque, en el espacio en blanco, la palabra más adecuada.

    a. Un **SAI** permite el suministro de **electricidad** continuo al servidor.
    b. Los discos duros de un servidor deben contar con un sistema **RAID**.
    c. El ***backup*** periódico de la información del servidor debe guardarse en otro servidor ***(CPD)*** o **virtualmente.**
    d. Los **puertos** para la comunicación deben estar abiertos tanto en el servidor como en el ***firewall*** y ***router.***

7. Defina direccionamiento IP.

Es la asignación de direcciones IP tanto al servidor como a los equipos clientes para que se pueda llevar a cabo la comunicación adecuadamente. Las direcciones IP son administradas por la ICANN *(Internet Corporation for Assigned Names and Numbers),* la cual establece tres clases de direcciones para las IPv4. Actualmente, se tiende a direcciones IPv6 por su mayor capacidad de direccionamiento, de millones de IP.

8. **Rellene la tabla con las aplicaciones de servidor FTP y su correspondiente plataforma para la instalación.**

Plataforma	Aplicación Servidor FTP
LINUX	**Pure FTP Server**
WINDOWS	**Filezilla Server y Serv-U**
UNIX	**ProFTPd y vsftpd**
MAC OS	**Rumpus**

9. **¿Qué hay que tener en cuenta en la administración de cuotas?**

Para una administración óptima de las cuotas se debe tener en cuenta:

- Dejar espacio sin asignar a las cuotas.
- Establecer espacio suficiente entre la advertencia y el límite.
- No instalar programas en volúmenes/unidades con cuotas de disco para evitar fallos, ni compartir cuentas de usuarios.
- Eliminar las cuotas de un usuario que no utiliza un volumen en un periodo determinado.

10. **Explique qué diferencia hay entre encriptación y *watermark*.**

La encriptación es el cifrado de una información confidencial mediante algoritmos de encriptación (pudiendo tratarse de archivos de cualquier tipo) y evita que un usuario que no cuente con una contraseña adecuada pueda desencriptar el archivo; mientras que un *watermark* es una huella digital que evita la realización de copias no autorizadas de un recurso y resulta imperceptible.

11. **¿Qué tipos de accesos se pueden configurar en un servidor de transferencia de archivos FTP?**

Los accesos que se configuran en un servidor de transferencia de archivos son el acceso anónimo y el acceso autenticado.

12. ¿En qué consiste una máscara de permisos?

Una máscara es el conjunto de permisos asociados a un archivo determinado e identificados por 10 caracteres, siendo el primero por la izquierda aquel que hace referencia al tipo de archivo y los nueve siguientes, de forma consecutiva y en grupos de tres, son los permisos del usuario (propietario), del grupo al que pertenece y de otros usuarios.

13. ¿De qué campos está formada una máscara de permisos en *GNU/Linux?*

Una máscara está identificada por los siguientes campos empezando por la izquierda: el tipo de archivo, permiso del usuario (propietario), permiso del grupo y permiso de otros usuarios. En último lugar, se encuentra el nombre del archivo.

14. ¿Qué afirmación sobre la seguridad de acceso al servidor no es correcta? Justifique la respuesta.

    a. Mediante la autenticación no se conoce qué usuario tiene acceso.
    b. No deben utilizarse cuentas compartidas.
    c. Deshabilitar aquellas cuentas que no se utilicen durante un periodo de tiempo.
    d. Todas las opciones son correctas.

La autenticación de acceso es el primer nivel de seguridad ya que mediante el nombre/contraseña el sistema verifica que el usuario está autorizado y tiene permitido el acceso al servidor; por lo que es muy importante la selección de una contraseña segura.

15. ¿Qué es un directorio virtual?

Un directorio virtual es el nombre de un directorio o alias que se asocia a un directorio físico localizado en un servidor. El usuario, escribiendo el directorio virtual, puede acceder al contenido del directorio físico al cual hace referencia.

Solucionario Capítulo 3

1. Defina qué es el control de versiones.

Es la forma en la que se registran los cambios que se producen en la información de un servidor, tanto en la estructura como en el contenido, para que puedan recuperarse los datos o aplicaciones almacenadas anteriormente si se desea.

2. ¿Cuáles son los métodos para el control de versiones?

Notación numérica y notación X.Y.Z

3. Indique si las siguientes afirmaciones son verdaderas o falsas.

    a. En un servidor de base de datos la actualización de su contenido se realiza con un gestor de contenidos (CMS o *Content Management System*).

        ☐ Verdadero
        ☑ **Falso**

    b. El nombre de los ficheros obligatoriamente viene seguido de una extensión.

        ☐ Verdadero
        ☑ **Falso**

    c. La actualización de contenidos solo puede llevarse a cabo si un servidor está autorizado a solicitar y/o recibir datos.

        ☑ **Verdadero**
        ☐ Falso

    d. En un servidor web la actualización de las páginas dinámicas se hace con un gestor de bases de datos.

        ☐ Verdadero
        ☑ **Falso**

4. **Relacione cada versión con la característica correspondiente.**

    a. Alpha.
    b. Beta.
    c. RC.

    c. Candidata a definitiva.
    c. Estable.
    a., b. y c. Con errores.
    a. y b. Inestable.
    b. Primera versión completa.

5. **Un sistema de control de versiones es:**

    a. Un sistema para sobrescribir archivos.
    b. Un sistema con arquitectura *peer-to-peer.*
    c. Un sistema de gestión que evita realizar cambios en los archivos.
    d. Un sistema de gestión que establece quién y cómo se realizan las modificaciones y/o cambios.

6. **Enumere los pasos del funcionamiento del sistema de control de versiones.**

Los pasos del funcionamiento del sistema de control de versiones son: *check out, update, commit* y *check in.*

7. **Rellene los espacios en blanco con la palabra más adecuada.**

    a. En el servidor de un sistema de control de versiones **centralizado** se almacenan todas las **versiones** y los clientes se descargan lo que necesitan del **repositorio.**
    b. En un sistema de control de versiones **local** se registran los cambios en una **base de datos.**
    c. En el sistema de control de versiones **distribuido** hay una **copia** del **repositorio** en los equipos clientes.

8. **Rellene la tabla siguiente con las partes de los métodos de control de versiones.**

Métodos de control de versiones	Partes			
X.Y.Z	X es la versión mayor	Y es la versión menor	Z es la segunda versión menor	
Numérica	*major* es la versión	*minor* es la *release*	*revision* es la corrección	*entrega* es el rechazo (opcional)

9. **¿Para qué se utilizan las cuentas de usuarios?**

Es el primer filtro de seguridad ante intrusos y controla la utilización de los recursos del servidor mediante los permisos adecuados en función del usuario que acceda.

10. **Explique la diferencia entre los *system logs* y los *software logs*.**

En un system logs la generación de los registros de los eventos que sucede en el sistema la lleva a cabo el kernel y los procesos del sistema; mientras que en los *software* logs dichos registros los hacen las aplicaciones.

11. **¿Cómo comprueba un servidor la autenticidad de un cliente?**

La autenticidad de una cuenta de usuario se comprueba mediante el nombre de usuario y la contraseña.

12. **Describa en qué consisten los registros del sistema *(logs)*.**

Los registros del sistema *(logs)* son archivos que almacenan todos los eventos que se generan en el servidor por las aplicaciones y programas. Su utilidad es la verificación del funcionamiento del sistema, informar de errores, monitorizar variables del sistema y conocer las acciones de usuarios no autorizados.

13. ¿De qué se compone una cuenta de usuario?

Una cuenta de usuario está formada por el nombre de usuario, la contraseña y la información de acceso.

14. ¿Qué afirmación sobre los *logs* no es correcta? Justifique la respuesta.

a. En un servidor de *logs* se centralizan los mensajes de los archivos de *logs* del sistema y de servicios para una adecuada vigilancia de los mismos.

b. Solo en el sistema operativo *Windows Server* existen registros de *logs*.

c. Algunos programas crean carpetas propias para el registro de archivos.

d. Todas las opciones son incorrectas.

En *GNU/Linux* los registros de *logs* se encuentran en el archivo "/var/log".

15. ¿Con qué comando se visualizan los *logs en GNU/Linux?*

La visualización de los logs en GNU/Linux se hace mediante el comando tail -f /var/log/nombre_fichero.

Solucionario Capítulo 4

1. Defina qué es la calidad del servicio (QoS).

La RFC 2386 de la IETF *(Internet Engineering Task Force)* define la QoS como: "Un conjunto de requisitos de servicio que debe cumplir la red durante el transporte de un flujo". Aplicado al servicio informático, la calidad del servicio es el conjunto de requisitos de servicios que tiene que cumplir una red para asegurar un nivel de servicio adecuado para la transmisión de la información.

2. ¿Cuáles son las fases de una auditoría?

Planificación, ejecución, evaluación, informe y medidas correctoras.

3. Indique si las siguientes afirmaciones son verdaderas o falsas.

a. Mediante una auditoría no se identifican ni corrigen las vulnerabilidades detectadas.

☐ Verdadero
☑ **Falso**

b. El auditor solo realiza el informe final de la auditoría, no interviene en el proceso completo.

☐ Verdadero
☑ **Falso**

c. Con la auditoría del sistema informático se consigue mantener la integridad de la información almacenada en el servidor de transferencia de archivos.

☑ **Verdadero**
☐ Falso

d. El informe final de la auditoría debe contener una propuesta de las medidas preventivas y correctivas del sistema.

☑ **Verdadero**
☐ Falso

4. Relacione cada afirmación relacionada con el rendimiento con el recurso correspondiente.

a. Con muchas peticiones disminuye el ritmo de la interfaz de red.
b. Los procesos en cola favorecen los cuellos de botella.
c. Una paginación alta disminuye el rendimiento.
d. El balanceo de carga mejora el rendimiento.

d Disco duro.
c. Memoria.
a. Red.
b. Procesador.

5. Enumere las metodologías de la evaluación del servicio de transferencia de archivos.

Las metodologías que se utilizan para la evaluación son: la *checklist* o lista de control y la evaluación de riesgos.

6. Rellene los espacios en blanco con la palabra más adecuada.

a. La tasa de **transferencia** es la cantidad de **información,** en bits, que se envía o recibe por unidad de tiempo.
b. Mediante el uso de **puertos** seguros y de **protocolos** de transferencia adecuados se garantiza la **integridad** de los datos.
c. El **control** de **fallos** se consigue con copias de seguridad.
d. La atención al cliente es un **parámetro** de calidad importante.

7. ¿Cuáles son los factores a tener en cuenta en un plan de pruebas?

Algunos de los factores son: el tipo de pruebas y su alcance, las personas que van a realizar las pruebas, los criterios de paso/fallo de las pruebas y las herramientas para la ejecución de las pruebas.

8. ¿Qué es un plan de pruebas?

a. **Es una guía que se utiliza para definir lo que hay que probar y cómo realizar dichas pruebas.**
b. En él no se define lo que hay que probar y cómo realizar dichas pruebas.
c. Tiene su contenido definido en el estándar IEEE 869.
d. Todas las opciones son incorrectas.

9. Rellene la tabla siguiente con las características de las multicomputadoras.

Plataforma	Herramienta	Se utiliza para....
GNU/Linux	iostat	**Rendimiento del disco**
	Nmap	Explorar la red
	sar	**Rendimiento de la CPU, del disco, la memoria, etc.**
	Dstat	Estadísticas de todos los recursos
	pv	**Tasa de rendimiento, datos transferidos, etc.**
Windows Server	**Monitor de rendimiento**	**Rendimiento del servidor a través de objetos y contadores.**
Multiplataforma	**Apache Jmeter**	**Realizar pruebas de rendimiento cuando se somete un sistema a una carga.** **Identificar cuellos de botella en los recursos.**

10. Explique la diferencia entre *uptime* y *downtime*.

El *uptime* o tiempo medio entre fallos es el periodo durante el cual el servicio se encuentra disponible; mientras que el *downtime* o tiempo medio de parada es el tiempo durante el cual se interrumpe el servicio.

11. ¿Qué parámetro determina la disponibilidad del servicio?

La disponibilidad del servicio ofrecido la determina el tiempo de inactividad, que se utiliza como parámetro para establecer cuándo se puede acceder a un servidor.

12. Describa en qué consiste un SLA.

Un SLA (Service Level Agreement) es un Acuerdo de Nivel de Servicio (o ANS), un documento en el que se garantiza la prestación de un servicio por parte de una empresa a otra cliente con unas condiciones mínimas, que incluyen:

- Descripción general del servicio acordado.
- Responsables del acuerdo, cliente y proveedor.
- Plazos durante los que se realiza el servicio.
- Duración del acuerdo y condiciones de renovación/rescisión.
- Condiciones de disponibilidad.
- Soporte y mantenimiento.
- Tiempos de respuesta.
- Tiempos de recuperación.
- Planes de contingencia, en caso necesario.
- Facturación y pago.
- Evaluación de la calidad del servicio.

13. ¿En qué tipo de alta disponibilidad se puede cambiar un dispositivo "en caliente"?

En la alta disponibilidad de *hardware*.

14. ¿Qué afirmación sobre la normativa de información publicada en servidores de transferencia de archivos no es correcta? Justifique la respuesta.

a. La Ley de Servicios de la Sociedad de la Información y del Comercio Electrónico (LSSICE) regula las comunicaciones electrónicas y el envío de datos.
b. El objetivo principal de la LOPDGDD es velar por la protección de los datos de carácter personal.
c. La LOPDGDD es aplicable en cualquier país del mundo.
d. Todas las respuestas anteriores son correctas.

La LOPDGDD es una normativa española y se aplica en aquellos servidores ubicados en la Unión Europea (y en países como Hungría, Suiza, Brasil y Argentina) que tienen regulada la protección de datos mediante normativa equiparable.

15. ¿Quién vela por el cumplimiento de la LOPDGDD en España?

La Agencia Española de Protección de Datos (AEPD) vela por el cumplimiento de la LOPDGDD y la LSSICE.

Solucionario Capítulo 5

1. ¿Qué es una incidencia?

Es un evento o suceso no planificado que no ocurre durante el funcionamiento normal de un servicio y que causa una interrupción o disminuye la calidad del mismo.

2. Indique si las siguientes afirmaciones son verdaderas o falsas.

a. Si se tiene conocimiento de la causa que ocasiona una incidencia se llama error.

☑ **Verdadero**
☐ Falso

b. No es necesario registrar una incidencia.

☐ Verdadero
☑ **Falso**

c. Cuando una incidencia tiene una causa conocida que la origine se denomina problema.

☐ Verdadero
☑ **Falso**

3. Enumere los pasos que hay que seguir ante una nueva incidencia.

Clasificación y soporte inicial, investigación y diagnóstico, resolución y recuperación, cierre de la incidencia, seguimiento, monitorización y estadísticas.

4. Relacione los siguientes tipos de diagnóstico de incidentes con las palabras "software" o "hardware":

    a. Osciloscopio.
    b. Antivirus.
    c. Analizador de red.
    d. *Wireshark.*

    b., d. *Software.*
    a., c. *Hardware.*

5. Defina el concepto de *workaround*.

Un *workaround* o solución temporal es una alternativa que disminuye o elimina el impacto de un incidente o problema para el que no se encuentra una solución definitiva.

6. Rellene los espacios en blanco con la palabra más adecuada.

    a. Las **medidas** de **contención** pretenden evitar que el incidente siga originando **daños** y disminuir su efecto.
    b. Cuando se produce una **incidencia,** con las técnicas **reactivas** o de **emergencia** se resuelve el problema que provoca la interrupción del servicio.
    c. Con técnicas **preventivas** o **proactivas** se intenta conseguir resolver las incidencias **automáticamente** o antes de que se produzcan.

7. ¿Cuáles son los factores a tener en cuenta en las medidas de contención?

Los factores a considerar al utilizar una medida de contención son el daño a los recursos, mantener la evidencia, el tiempo de inicio y duración de las medidas, efectividad, criticidad del sistema afectado, características del incidente, implicaciones legales y económicas.

8. Con la gestión proactiva de problemas...

    a. ... se pretende prevenir los incidentes.
    b. ... se intenta resolver los incidentes cuando ocurran con una monitorización y análisis de la configuración adecuada del servicio.

c. ... se pretende prevenir los incidentes antes de que ocurran con la monitorización y análisis de la configuración adecuada del servicio.

d. ... se pretende que los incidentes afecten poco.

9. **Rellene la tabla siguiente con tres características para cada una de las técnicas de análisis causa-raíz.**

Lluvia de ideas	Los 5 porqués	Diagrama Ishikawa
- Identificar las causas de un problema. - Ideas aportadas por un grupo de personas. - Elección de la idea definitiva por votación.	- Grupos de 5 a 8 personas. - Se identifica un problema con los 5 porqués. - Se conoce como modelo Toyota.	- Llamado de espina de pescado. - Es un diagrama causa-efecto. - Las categorías de las causas cumplen las 5 M.

10. **Explique en qué consiste un análisis causa-raíz.**

Un análisis causa-raíz es un método que se emplea para resolver problemas mediante la identificación de las causas que los originan, y tratar de corregir o eliminar las causas raíz; y para ello se utilizan diferentes técnicas.

11. **¿Qué es *brainstorming?***

Es una de las técnicas que se utilizan para el análisis causa-raíz de los incidentes. También se conoce como lluvia de ideas.

12. **Describa las ventajas de utilizar una gestión proactiva de problemas.**

Entre las ventajas de la utilización de este tipo de gestión de problemas se encuentra la rapidez y reducción de costes, la aceleración de los procesos, la detección temprana de problemas al tener una supervisión completa del *hardware* y aplicaciones para evitar que se extiendan por la red, la monitorización constante para detectar problemas y solucionarlos y la implementación de respuestas automáticas.

13. ¿Qué es *Nagios?*

Es una herramienta *OpenSource* que se utiliza para la resolución de incidentes mediante la monitorización del sistema.

14. ¿Qué afirmación sobre las herramientas de resolución de incidencias no es correcta? Justifique la respuesta.

a. Los *logs* son fuentes de información del rendimiento y funcionamiento de un sistema.
b. No se pueden utilizar herramientas para gestión de *logs*.
c. Los *logs* utilizan diversidad de formatos.
d. Todas las opciones son incorrectas.

Existen aplicaciones para gestionar logs con las que se obtienen datos del funcionamiento de los dispositivos y programas para garantizar un adecuado nivel de servicio.

15. ¿Qué es la línea base?

Son los valores normales de funcionamiento de un sistema cuando se monitorizan los recursos de este para la resolución de las incidencias que se produzcan.

Solucionario 6
Selección, instalación, configuración y administración de los servidores multimedia

Solucionario Capítulo 1

1. Señale cuáles de los siguientes protocolos están relacionados con el acceso multimedia.

    a. RTSP.
    b. RTCP.
    c. RPT.
    d. RTP.

2. El reproductor _____ fue originalmente diseñado para la consola Xbox.

    a. *Kodi*
    b. *VLC Media Player*
    c. *Flash*
    d. *Windows Media Player*

3. Complete las siguientes afirmaciones.

La principal diferencia entre TCP y UDP es la cantidad de **sobrecarga** que presentan.

Los **segmentos** TCP tienen 20 bits de sobrecarga para encapsular datos de la capa de aplicación, mientras que UDP solo requiere **8 bits** de sobrecarga.

4. VLC es un reproductor de código abierto y libre distribuido bajo licencia GPL y disponible para numerosos sistemas operativos. Es capaz de reproducir numerosos formatos de audio y vídeo así como *streaming*.

    ☑ **Verdadero**
    ☐ Falso

5. ¿Qué elementos son necesarios para realizar una retransmisión en *streaming?*

Un ordenador, una conexión a internet, dispositivos de audio o vídeo y un *software* codificador para emisiones *streaming*.

6. Marque en la siguiente tabla si se trata de formatos de vídeo o audio.

	Audio	Vídeo
MOV		X
AVI		X
AAC	X	
MKV	X	
3GP		X

7. ¿Cuáles de los siguientes formatos son de audio?

    a. **MP3.**
    b. **OGG.**
    c. AVI.
    d. JPEG.

8. ¿A qué tipo de archivo corresponde el formato BMP? ¿Admite compresión?

Son archivos de imagen que no admiten compresión.

9. De las siguientes siglas, ¿cuáles corresponden a un disco duro de red?

    a. HDD.
    b. LAN.
    c. **NAS.**
    d. VLC.

10. La forma en que se codifica la información en un soporte informático recibe el nombre de...

    a. ... compresión.
    b. **... formato.**
    c. ... códec.
    d. Todas las opciones anteriores son incorrectas.

11. ¿Qué nombre recibe la unidad mínima de una imagen digital?

Píxel.

12. Relacione los siguientes formatos con el tipo de archivo.

        a. PNG
        b. WAV
        c. MP4

        c. Vídeo
        b. Audio
        a. Imagen

13. ¿Cuál es el formato utilizado mayoritariamente para imágenes animadas en Internet?

GIF.

14. *VLC Media Player* se utiliza normalmente para visualizar y reproducir contenidos multimedia.

        ☑ **Verdadero**
        ☐ Falso

15. ¿Cuál de los siguientes reproductores es capaz de reproducir archivos en formato RAR?

        a. VLC.
        b. *Reproductor Multimedia (Microsoft)*.
        c. *Windows Media Player.*
        d. **Todas las opciones son correctas.**

Solucionario Capítulo 2

1. Señale cuáles de los siguientes puertos están relacionados con los servidores multimedia.

   a. HTTP.
   b. IMAP.
   c. POP3.
   d. RTSP.

2. El servidor multimedia _____ es el más usado y tiene una versión gratuita y otra de pago.

   Plex Media Server.

3. Complete la siguiente oración.

   Por defecto, *Plex Media Server* utiliza el puerto **32400** y su administración es mediante una interfaz **web** que se abre en un navegador.

4. Un cliente que quiera acceder a una transmisión en streaming desde *VLC Media Player* debe seguir la siguiente estructura: http://direccion_ip_servidor:Numero_Puerto.

   ☐ Verdadero
   ☑ **Falso**

5. Nombre algunos de los requisitos y las características que deben darse para un rendimiento óptimo de reproducción y transferencia de archivos multimedia entre sistemas.

   ▌ Gran capacidad de almacenamiento del servidor.
   ▌ Gran ancho de banda.
   ▌ Un procesador de varios núcleos.
   ▌ Un *hardware* de red preparado para altas transmisiones.

6. ¿A qué plataforma multimedia corresponde el siguiente icono: > ?

  a. *Helix Universal Media Server.*
  b. *Windows Media Player.*
  c. *Plex.*
  d. *VLC.*

7. ¿Cuáles de las siguientes siglas se corresponden con "alta definición"?

  a. AD.
  b. HD.
  c. HDD.
  d. DA.

8. *VLC Media Player* es un reproductor multimedia de tipo:

  a. *Online*
  b. Aplicación de escritorio
  c. Navegador web
  d. Todas las opciones son correctas.

9. Mencione dos alternativas que sustituyeron a la plataforma multimedia *Adobe Flash.*

  HTML, CSS y *JavaScript.*

10. Complete la siguiente afirmación.

  Un servidor multimedia es recomendable que tenga una dirección IP **estática**.

11. Determine si la siguiente oración es verdadera o falsa.

  a. Kodi permite la transmisión de contenido multimedia desde internet mediante addons y complementos.

     ☑ **Verdadero**
     ☐ Falso

12. En cuanto a la creación automática de máscaras, se puede decir que:

    a. Se realiza mediante navegador web.
    b. Actualmente, no se usan como tal en las aplicaciones multimedia más usadas.
    c. En aplicaciones como *Kodi* y *Plex Media Server* son muy utilizadas.
    d. Su uso supone la creación de dos usuarios administradores.

13. ¿A qué velocidad puede llegar a transmitir una tarjeta Gigabit Ethernet?

    a. 100 Mbps.
    b. 1.000 Mbps.
    c. 10.000 Mbps.
    d. 1024 Mbps.

14. ¿Qué función realiza la tecnología RAID?

Permite la combinación de varios discos duros comportándose como solo uno, dando así mayor capacidad y fiabilidad.

15. ¿Para qué sistemas está disponible Plex?

    a. *Linux.*
    b. *Windows.*
    c. *iOS.*
    d. *Mac OS X.*

Solucionario Capítulo 3

1. **El reproductor más usado en *Windows* y que viene por defecto se denomina:**

    a. *Windows Reproduce*
    b. *VLC Media Player*
    c. *Kodi*
    d. ***Reproductor Multimedia***

2. **Un _____ es un archivo donde se almacena un registro de toda la actividad y los eventos que suceden en un sistema.**

    Archivo *log*.

3. **Indique cuál de las siguientes afirmaciones es verdadera o falsa.**

    a. En *Plex*, el contenido multimedia está organizado en bibliotecas. Al acceder a la consola de *Plex Media Server*, en el panel izquierdo se muestran las bibliotecas disponibles.

        ☑ **Verdadero**
        ☐ Falso

    b. Es necesario reiniciar la consola del servidor *Plex* cada vez que se realizan cambios para que se establezcan las modificaciones realizadas.

        ☐ Verdadero
        ☑ **Falso**

4. **Complete las siguientes afirmaciones.**

    Con **Kodi**, los usuarios pueden añadir y/o *add-ons* para ver contenido de varias fuentes en línea, como películas y series de televisión.

    Al configurar *Plex Media Server*, se puede habilitar el acceso **remoto** para transmitir el contenido mientras está fuera de casa.

5. El botón...

    a. ... da la posibilidad de agregar nuevos elementos multimedia a un punto de publicación en *Windows Media Server.*

    b. ... se utiliza para crear cuentas de usuario en *Windows Media Server.*

    c. **... permite crear nuevas bibliotecas en *Plex Media Server.***

    d. ... actualiza el contenido de cualquier servidor multimedia.

6. ¿Cómo se puede conocer la versión de un servidor *Plex Media Server?*

Para comprobar la versión de *Plex Media Server* se hace clic en el icono de ajustes y en la opción **General** aparecerá.

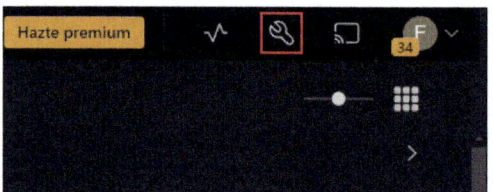

7. ¿En qué servidor las cuentas de usuario deben ser invitadas por el propietario del mismo?

    a. *Windows Media Server.*

    b. *Helix Universal Media Server.*

    c. ***Plex Media Server.***

    d. Todas las opciones anteriores son incorrectas.

8. El icono siguiente corresponde a la utilidad _____.

Windows Update.

9. En la pestaña Ayuda de *VLC Media Player* se puede:

    a. Cambiar el tema de la aplicación
    b. Chatear con un agente
    c. Ver archivos logs
    d. Comprobar/actualizar la aplicación

10. ¿A qué corresponde el contenido de la siguiente ventana?

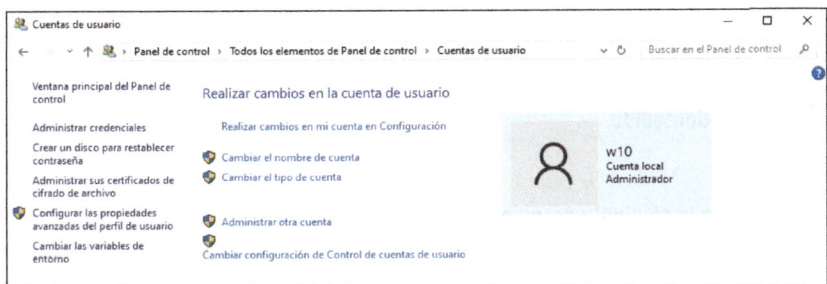

Administrador de cuentas de usuario de *Windows Server 2022.*

11. La principal diferencia entre una cuenta de administrador y de usuario es que...

    a. ... una cuenta administrador solo gestiona contenido, mientras que el usuario solo reproduce contenido.
    b. ... el administrador dispone de privilegios para realizar cambios que afectan a otros usuarios.

    c. ... el administrador gestiona los atributos de conexión del servidor (puertos HHTP, RTSP, dirección IP, nombre del servidor) y el usuario se encarga de crear y modificar categorías.

    d. Todas las opciones anteriores son incorrectas.

12. ¿Cómo es posible conocer la versión de *VLC Media Player* instalada en un equipo?

    a. En Panel de control abrir Agregar o quitar programas y a continuación buscar *VLC Media Player.*

    b. Dentro de *VLC Media Player,* en la pestaña Versión de *Windows Media Server.*

    c. Dentro de *VLC Media Player,* en la pestaña Ayuda y a continuación seleccionando Control de versiones.

    d. Dentro de *VLC Media Player,* en la pestaña Ayuda y a continuación seleccionando Acerca de.

13. Para actualizar el contenido o agregar nuevos archivos a alguno de los puntos de publicación de *Windows Media Server* hay que hacer doble clic sobre el punto de publicación deseado y a continuación seleccionar la pestaña _____.

    a. Actualizaciones.

    b. Agregar.

    c. Origen.

    d. Contenido.

14. Complete la siguiente oración.

En la interfaz web de *Plex Media Server,* para comenzar el proceso de agregar contenido hay que hacer clic en el botón Añadir **biblioteca.**

15. Complete la siguiente oración.

OBS Studio es la elección principal para *streamers* de videojuegos que desean transmitir partidas en vivo, comentarios y eventos relacionados con *gaming.*

Solucionario Capítulo 4

1. El protocolo ICMP emplea los comandos <u>ping</u> y <u>tracert.</u>

2. Para disponer de alta disponibilidad en un entorno de servidores y clientes se configura lo que se denomina un sistema <u>redundante.</u>

3. ¿Para qué se utiliza el comando ping-t?

   Para verificar la conexión de red hacia un host de forma continua.

4. ¿Cuáles de las siguientes afirmaciones son ciertas sobre QoS?

   a. **Es el rendimiento medio de una red de dispositivos informáticos o telefónicos.**
   b. Es una licencia que garantiza a los usuarios de un software la libertad de utilizarlo, compartirlo y modificarlo.
   c. También se conoce como "calidad de servicio".
   d. **Todas las opciones anteriores son incorrectas.**

5. ¿Qué dos técnicas se pueden utilizar para reducir los requisitos de ancho de banda?

   Prefetching y *smoothing.*

6. La monitorización de red trata de recolectar toda la información y el comportamiento de la red mediante herramientas.

   ☑ **Verdadero**
   ☐ Falso

7. ¿Qué es ICMP?

    a. Una de las herramientas más utilizadas para analizar protocolos y solucionar problemas en redes de comunicaciones.

    b. Un sistema que se basa en unir varios servidores simulando y trabajando como si se tratase de uno.

    c. Un protocolo de reporte de errores que se considera una parte necesaria para implementaciones IP.

    d. Todas las opciones anteriores son incorrectas.

8. Complete la siguiente afirmación.

Una de las herramientas más utilizadas para analizar protocolos y solucionar problemas en redes de comunicaciones es **Wireshark,** un software de código abierto y licencia **GPL.**

9. En un sistema multimedia, ¿qué aspectos de calidad de servicio influyen?

    a. Planificación de la CPU.

    b. Planificación de estabilidad.

    c. Planificación de red.

    d. Planificación de disco.

10. ¿Qué técnica es conocida por emplear el buffer de los clientes para enviarle datos mientras reproduce?

Smoothing.

11. La técnica para interconectar varios <u>discos duros</u> haciendo que funcionen como solo uno se conoce como RAID.

12. El comando ping se puede utilizar con...

    a. ... direcciones IP.

    b. ... direcciones de tarjeta de red (NIC).

    c. ... nombre del host en la red.

    d. ... solo servidores.

13. **El monitor de recursos en *Windows Server 2022* permite visualizar eficazmente datos sobre el rendimiento y los archivos de registro en tiempo real.**

      ☐ Verdadero
      ☑ **Falso**

14. **¿Qué parámetros deben estudiarse en un servidor multimedia?**

      ▌ **La estabilidad del sistema.**
      ▌ **El tráfico de la red.**
      ▌ El formato de los archivos.
      ▌ **El rendimiento CPU.**
      ▌ **La estabilidad del disco.**
      ▌ **La memoria.**
      ▌ El contenido de los archivos.

15. **Mediante la técnica *prefetching* se envían datos por adelantado al servidor y se aprovechan los tiempos en los que el sistema está inutilizado.**

Solucionario 7
Gestión de servicios en el sistema informático

 Solucionario Capítulo 1

1. **Indique qué normativa ISO se corresponde con las siguientes definiciones:**

    a. Estándar para la seguridad de la información (también se considera una guía de buenas prácticas) en la que se incluyen los distintos objetivos de control y controles recomendados para mantener un nivel de seguridad de la información óptimo.
    b. Manual de buenas prácticas que incluye fundamentalmente el vocabulario que se va a utilizar en las normas incluidas en toda la serie para una mayor comprensión de las mismas.
    c. Manual de buenas prácticas en el que se incluyen los requisitos necesarios de los sistemas de gestión de seguridad de la información.

    a. **ISO/IEC 27002.**
    b. **ISO 27000.**
    c. **ISO 27001.**

2. **¿Cuál de los siguientes puntos no forma parte de la norma ISO/IEC 27002?**

    a. Controles físicos.
    b. **Controles virtuales.**
    c. Controles tecnológicos.
    d. Controles de personas.

3. **Relacione las siguientes definiciones con los conceptos que se describen a continuación:**

    a. Cualquier sistema, servicio o infraestructura de procesamiento de la información o los lugares físicos que los alojan.
    b. Conjunto de acciones para gestionar los incidentes de seguridad de la información de forma coherente y eficaz.
    c. Compromiso de la seguridad de la información en una organización que ocasiona la destrucción, modificación, pérdida, accesos no deseados o, incluso, divulgación a información de carácter protegido.

    c. Brecha en la seguridad de la información.
    a. Instalación de tratamiento de la información.
    b. Gestión de incidentes de la seguridad de la información.

4. La norma ISO/IEC 27002 clasifica los controles de seguridad en varias categorías. ¿Cuántas categorías son y qué nombre tienen?

La norma ISO/IEC 27002 clasifica los controles en cuatro categorías:

- Controles organizativos.
- Controles de personas.
- Controles físicos.
- Controles tecnológicos.

5. Complete la siguiente fase:

Una **interrupción** es un evento esperado o inesperado que genera una desviación **negativa** y no planificada de la entrega programada de productos y servicios según los **objetivos** de una organización.

6. El ciclo de vida del servicio está compuesto por una serie de fases. ¿Cuántas fases son y qué nombre tienen? Menciónelas por orden.

El ciclo de vida del servicio está compuesto por cinco fases:

1. Estrategia del servicio.
2. Diseño del servicio.
3. Transición del servicio.
4. Operación del servicio.
5. Mejora continua del servicio.

7. Indique a qué fase del ciclo de vida del servicio corresponde la siguiente definición: "Fase en la que se define el servicio que se va a prestar, la tipología de clientes a la que se va a destinar y en qué mercados se va a prestar".

La definición se corresponde con la fase de estrategia del servicio.

8. De la nueva LOPDGDD, ¿qué significan las siglas "GDD"?

a. **Garantía de Derechos Digitales.**
b. Gestión Datos Directos.

c. Garantía de Derechos de Datos.
d. Todas las opciones son incorrectas.

9. **Según la LOPDGDD, ¿quién es el responsable del tratamiento?**

Toda persona física o jurídica, autoridad pública, servicio u otro organismo que decida sobre la finalidad, contenido y uso del tratamiento de los datos.

10. **Encuentre en la siguiente sopa de letras los derechos de las personas sobre sus datos personales reconocidos en la LOPDGDD.**

R	E	C	T	I	F	I	C	A	C	I	O	N
A	B	C	E	Z	I	O	L	C	Z	A	N	I
A	C	O	S	R	L	J	P	C	O	N	A	L
S	E	T	O	S	I	E	Y	E	S	R	T	A
U	S	A	C	I	M	I	A	S	O	N	A	R
P	O	P	O	S	I	C	I	O	N	A	R	T
R	U	E	R	A	T	I	C	O	L	A	E	M
E	P	O	R	T	A	B	I	L	I	D	A	D
S	A	L	U	R	C	O	R	E	A	S	T	E
I	C	A	S	C	I	O	N	A	R	E	A	R
O	H	C	U	L	O	R	Y	E	R	T	O	S
N	I	M	R	A	N	A	M	A	R	E	R	O

11. **Indique cuál de las opciones tiene un dato incorrecto (selección múltiple).**

a. **Los soportes y documentos que contengan datos personales no deben estar identificados e inventariados.**
b. **Conservar los datos de acceso registrados durante, por lo menos, 10 años.**
c. **Registrar al menos algún procedimiento realizado de recuperación de datos en el registro de incidencias.**

d. Cada 2 años, el responsable del fichero debe verificar la correcta definición, funcionamiento y aplicación de los procedimientos de copias
de seguridad y de recuperación de datos.

12. ¿Cuáles de las siguientes funciones son responsabilidad de la Agencia Española de Protección de Datos (AEPD)?

a. Controlar a los agentes implicados en el tratamiento de los datos.
b. **Asesorar a otras instituciones y organismos sobre las medidas legislativas y administrativas.**
c. Velar por la publicidad de los datos.
d. Ejercer la potestad sancionadora.

13. Complete la siguiente tabla de infracciones y sanciones que aplica la AEPD:

Tipo de infracción	Sanción	Prescripción
Leve	Igual o inferior a 40.000 €	Un año
Grave	Desde 40.001 a 300.000 €	Dos años
Muy grave	Superior a 300.001 €	Tres años

14. En la norma ISO/IEC 27002 hay un punto dedicado a los controles tecnológicos. De los siguientes controles, indique cuál de ellos no se corresponde con un control tecnológico.

a. Gestión de privilegios de acceso.
b. **Acceso al código secundario.**
c. Autenticación segura.
d. Controles contra el código malicioso.

15. Complete la siguiente frase sobre la autenticación segura:

La implementación de tecnologías y procedimientos de autenticación **segura** debería ser **personalizada** para cada sistema, considerando los niveles de **acceso** requeridos y las políticas de seguridad de la organización.

Solucionario Capítulo 2

1. **Indique qué parte de un proceso se corresponde con las siguientes definiciones:**

   a. Conjunto de objetivos que se lograrán una vez finalizado el proceso.
   b. Indicadores utilizados para comprobar el seguimiento de las actividades del proceso y ver si realmente se cumplen las directrices definidas.
   c. Recursos materiales e inmateriales necesarios para llevar a cabo el proceso.
   d. Conjunto de características definidas de antemano para llevar a cabo las actividades del proceso.

   a. **Salidas o** *outputs.*
   b. **Sistema de control.**
   c. **Recursos.**
   d. **Entradas o** *inputs.*

2. **Complete la siguiente tabla indicando si los recursos siguientes son materiales o inmateriales:**

Recurso	Material/Inmaterial
Instrucciones de trabajo	Inmaterial
Materias primas	Material
Maquinaria	Material
Definición de procedimientos	Inmaterial
Personal	Material
Herramientas	Material
Formación del personal	Inmaterial

3. **Relacione las siguientes definiciones referentes a los procesos de negocio:**

   a. Procesos de negocio que surgen a partir de las solicitudes del cliente externo; dan valor al cliente.
   b. Procesos de negocio que tienen que ver con la atención y apoyan al proceso sustantivo danto atención a sus clientes.

c. Procesos que dan orientación al negocio y que definen elementos impres- cindibles como su visión, misión, competidores, etc.

d. Procesos que surgen por las solicitudes de los equipos de procesos sustantivos. Algunos ejemplos son los apoyos informáticos o los apoyos administrativos.

b. Procesos de apoyo vertical.

d. Procesos de apoyo horizontal.

a. Procesos sustantivos.

c. Procesos estratégicos.

4. **¿Cuál de los siguientes aspectos no se contempla en el enfoque de gestión por pro- cesos?**

a. Identificación de los requisitos a cumplir.

b. **Mejora continua del proceso antes de evaluar los indicadores.**

c. Control y mejora de procesos clave.

d. Aplicación de la gestión de la calidad al proceso.

5. **Localice en la sopa de letras los estados (en español) en los que puede estar un proceso electrónico.**

A	E	B	L	O	Q	U	E	A	D	O	S	S
B	J	A	I	C	A	R	Ñ	T	A	R	N	E
C	E	B	S	A	R	S	T	E	U	I	O	L
E	C	E	T	E	R	M	I	N	A	D	O	D
R	U	S	O	S	I	B	M	U	R	A	A	X
T	T	T	R	A	S	T	I	E	S	N	D	A
R	A	Z	R	T	E	A	N	V	D	E	A	N
A	N	N	A	D	A	R	T	O	Q	U	E	D
L	D	A	S	A	L	T	E	A	N	S	T	O
U	O	D	C	A	R	T	H	A	H	T	U	S

6. **Enumere y explique cuatro formas en las que puede terminarse un proceso electrónico.**

Un proceso, en el transcurso de su ciclo, puede terminar de cuatro formas distintas:

- Salida normal: cuando el proceso termina de modo voluntario.
- Salida por error: cuando el proceso debe salir porque los datos son insuficientes.
- Error fatal: cuando ocurre algún error en el programa.
- Eliminado por otro proceso: cuando se ejecutan otros procesos que se encargan de eliminar un proceso que se queda colgado.

7. **Complete la siguiente oración:**

Una **señal** es un mecanismo utilizado para notificar a los procesos los eventos que se producen en el sistema. El *kernel* o núcleo genera las señales para los procesos respondiendo a los distintos **eventos** que pueden ser causados por el propio proceso **receptor**, por otro proceso, por **interrupciones** o por acciones **externas**.

8. **Un proceso está preparado para ser ejecutado...**

a. ... si está retenido por cualquier causa.
b. **... si está esperando a ser asignado al procesador para ser ejecutado.**
c. ... si está esperando a que ocurra un suceso determinado.
d. Todas las opciones son correctas.

9. **Por definición, cada señal tiene asignada por defecto una acción que realizará el núcleo si el proceso no ha especificado alguna acción definitiva. ¿Cuál de las siguientes acciones no se asigna a una señal?**

a. Abortar el proceso.
b. Ignorar la señal.
c. **Reiniciar el proceso.**
d. Parar o suspender el proceso.

10. Cuando hay más de un proceso en estado "Listo", el *kernel* asigna el uso de la CPU al de mayor prioridad en ese momento. En caso de querer cambiar la prioridad de un proceso con *Linux*, ¿cuál de los siguientes comandos se utilizaría?

    a. Kill.
    b. Nice.
    c. Rename.
    d. Rekill.

11. ¿Cuáles son las actividades básicas que realiza un sistema de información? Enumérelas y descríbalas brevemente.

Un sistema de información realiza cuatro actividades básicas:

- Entrada de información: recoge los datos necesarios para procesar la información.
- Almacenamiento de información: proceso realizado por computadoras que suelen almacenar la información en estructuras de información.
- Procesamiento de información: transforma la información almacenada para que pueda utilizarse en la toma de decisiones de una organización.
- Salida de información: el SI saca la información procesada al exterior.

12. Sitúe en las casillas de la tabla los siguientes sistemas de información atendiendo al nivel de negocio al que pertenecen:

    a. SI de Apoyo a Ejecutivos.
    b. SI de Información Gerencial.
    c. SI de Oficina.
    d. SI de Apoyo a la toma de decisiones.
    e. SI de Procesamiento de transacciones.
    f. SI de Trabajo de Conocimiento.

Niveles de la organización	Tipos de sistemas de información
Nivel estratégico	SI de Apoyo a Ejecutivos (ESS)
Nivel administrativo	SI de Apoyo a la Toma de Decisiones (DSS)
	SI de Información Gerencial (MIS)
Nivel de conocimiento	SI de Trabajo de Conocimiento (KWS)
	SI de Oficina
Nivel operativo	SI de Procesamiento de Transacciones (TPS)

13. En referencia a la monitorización de los sistemas operativos, relacione las siguientes definiciones con los conceptos que se describen a continuación:

    a. Indicador que mide el porcentaje de un componente o servicio que se utiliza realmente.
    b. Cantidad de trabajo capaz de ser procesada por unidad de tiempo.
    c. Indicador que mide el tiempo transcurrido entre la realización de una petición y la visualización de los resultados.
    d. Indicador resultante del cociente entre rendimiento y utilización.

    b. Rendimiento.
    a. Utilización.
    d. Eficiencia.
    c. Latencia.

14. ¿Para qué sirve la herramienta *Process Monitor* de *Windows?* Indique cuáles son sus principales características.

La herramienta *Process Monitor* sirve para monitorizar los procesos y servicios en *Windows.* Su funcionalidad principal consiste en proporcionar la capacidad de monitorizar en tiempo real y de forma avanzada los procesos que afectan al sistema y al registro.

Sus principales características son las siguientes:

    I Supervisión avanzada en tiempo real de los procesos y de la actividad asociada al sistema de archivos.
    I Posibilidad de establecer filtros no destructivos.

■ Monitorización de propiedades de eventos.
■ Ofrece información completa y detallada de todos los procesos a nivel de pila.

15. Indique a qué fase de gestión de incidencias de un administrador corresponden las siguientes acciones:

a. El administrador debe identificar qué agente está ocasionando el mal funcionamiento del sistema y por qué lo está sobrecargando.

b. El administrador debe tomar las medidas necesarias para que el sistema se restaure en el punto justo anterior de la incidencia.

c. El administrador debe consultar la información facilitada por las herramientas de monitorización para identificar aquellos procesos, aplicaciones, usuarios o dispositivos que pueden estar causando un mal funcionamiento del sistema.

a. **Fase de detección.**
b. **Fase de resolución.**
c. **Fase de diagnóstico.**

Solucionario Capítulo 3

1. **Complete la siguiente tabla, indicando si los siguientes dispositivos de almacenamiento son ópticos, magnéticos o electrónicos:**

Dispositivo de almacenamiento	Dispositivo de almacenamiento óptico/magnético/electrónico
Disco duro	**Magnético**
Pendrive	**Electrónico**
Flash cards	**Electrónico**
Discos duros SDD	**Electrónico**
Discos duros extraíbles	**Magnético**
Blu Ray	**Óptico**

2. **Complete la siguiente oración:**

El sistema de archivos (en inglés, *filesystem)* es la forma en la que el sistema operativo organiza la **información** dentro de una memoria externa o **secundaria** para su grabación y posterior recuperación. Cada sistema operativo maneja su propio y único sistema de **archivos.**

3. **Indique a qué tipo de sistema de archivos corresponde cada una de las siguientes definiciones:**

    a. Sistemas de archivos que acceden a sus archivos a través de una red.
    b. Sistemas de archivos diseñados para almacenar archivos en una unidad de disco, que puede estar conectada directa o indirectamente en la computadora.
    c. Aquellos sistemas de archivos que no son ni de disco ni de red.

    a. **Sistemas de archivos de red.**
    b. **Sistemas de archivos de disco.**
    c. **Sistemas de archivos de propósito especial.**

4. Divida la estructura de la ruta que se muestra a continuación e indique a qué corresponde cada una de las partes. Se trata de una ruta en un sistema de archivos en *Windows*.

"F:\Documents and Settings\Mario\Imagenes\manzana.jpg"

▐ "F:". Unidad de almacenamiento en la que se encuentra el archivo.
▐ "\Documents and Settings\Mario\Imagenes\". Es la ruta del archivo.
▐ "manzana.jpg". Es el nombre del archivo.

5. ¿Cuál de los siguientes atributos no es propio de un sistema de archivos?

    a. Capacidad de enlaces simbólicos.
    b. Abstracción.
    c. **Capacidad de enlaces blandos.**
    d. Seguridad o permisos.

6. ¿Qué es el *journaling*? ¿Para qué se utiliza?

El *journaling*, también conocido como "registro por diario", es un mecanismo por el que un sistema informático puede implementar transacciones. Consiste en la capacidad de almacenar la información necesaria para restablecer los datos afectados por la transacción si ocurre cualquier tipo de fallo. La funcionalidad principal del *journaling* consiste en mantener la integridad del sistema de archivos.

7. **Complete la siguiente tabla de tipos de sistemas de archivos, indicando si son soportados por *Windows, Linux* o ambos y si tienen la capacidad de *journaling*:**

Sistema de archivos	Soportado por *Windows/Linux*	Capacidad de *journaling*
FAT 32	*Windows*	No
EXT2	*Linux y Windows*	No
NTFS	*Windows*	Sí
FAT16	*Windows*	No
REISER4	*Linux*	Sí
ZFS	*Linux*	No
EXT4	*Linux*	Sí

8. **¿Qué es un archivo de datos? ¿En qué se expresa su tamaño?**

Un archivo es la estructura bajo la cual se guarda la información en disco. Por definición, es un conjunto organizado y con nombre de información estructurada almacenada en un soporte no volátil. El tamaño de un archivo de datos se expresa en bytes (1 *byte* = 8 bits).

9. **Relacione las siguientes definiciones con los tipos de archivos mencionados a continuación:**

   a. Archivos que utilizan caracteres como unidad básica de información.
   b. Archivos compuestos por registros fijos con formato definido.
   c. Archivos en los que todos sus registros son del mismo tipo.
   d. Ficheros que contienen información prácticamente permanente e inalterable en el tiempo.

   c. Archivos homogéneos.
   a. Archivos textuales.
   b. Archivos de longitud fija.
   d. Archivos constantes.

10. **Indique a qué tipo de registro lógico corresponde cada una de las siguientes definiciones:**

  a. Registros que ocupan el mismo espacio en disco, independientemente de la cantidad de información que contengan.
  b. Cada registro puede ser de longitud distinta (la longitud es imposible de determinar).
  c. Cada registro puede ser de distinta longitud pero habiendo un máximo y un mínimo. Todos los registros tienen reservado el mismo espacio en memoria para sus campos.

  a. **Registros de longitud física.**
  b. **Registros de longitud indefinida.**
  c. **Registros de longitud variable.**

11. **¿Qué relación hay entre un archivo, un campo y un registro? Refléjelo en un esquema.**

  Un archivo está formado por una colección de registros y un registro está formado por un conjunto de campos. Estos están relacionados jerárquicamente según el siguiente esquema:

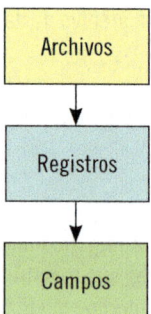

12. **¿Cuál de las siguientes propiedades no corresponde a las características de los campos?**

  a. Tipo.
  b. **Longitud.**
  c. Tamaño.
  d. Nombre.

13. Relacione las siguientes definiciones correspondientes a tipos de organizaciones de estructuras de archivos con los conceptos descritos a continuación:

    a. Organización en la que los datos se colocan y se acceden aleatoriamente mediante su posición, indicando el lugar relativo que ocupan dentro del conjunto de posiciones posibles.

    b. Organización en la que los datos se recolectan en el orden en el que llegan. El propósito principal es acumular una masa de datos y guardarla. No hay estructura definida y el acceso a los registros se realiza por búsqueda exhaustiva, lo que implica una gran pérdida de tiempo.

    c. Organización que utiliza un solo índice, que proporciona una capacidad de búsqueda para llegar rápidamente a las proximidades de un registro deseado.

    c. Organización secuencial indexada.
    a. Organización directa.
    b. Organización de pila.

14. Para elegir el sistema de almacenamiento adecuado hay que tener en cuenta una serie de factores. Indique cuáles de los siguientes conceptos se corresponden con estos factores:

    a. **Rendimiento.**
    b. **Privacidad de la información.**
    c. Tratamiento de la información.
    d. **Accesibilidad.**

15. Complete la siguiente frase:

Para particionar y formatear un disco duro no hace falta ningún programa que no esté en el **sistema operativo,** con el que se quiera trabajar. Aunque no es obligatorio crear particiones, es recomendable por razones de **seguridad** ya que se crean unidades **independientes** y si hay que formatear alguna de ellas por cualquier motivo, los archivos de las demás unidades permanecerán **intactos.**

Solucionario Capítulo 4

1. **Indique a qué se refieren los siguientes conceptos básicos de métricas e indicadores:**

   a. Número o símbolo que proporciona una indicación cuantitativa de cantidad, dimensiones, capacidad, tamaño y extensión de algunos de los atributos de una entidad o proceso.
   b. Proceso en el que se asignan números a atributos o entidades en el mundo real tal como son definidos de acuerdo con las reglas claramente definidas.
   c. Conjunto de indicadores utilizados para resumir el desempeño de un sistema.

   a. **Medida.**
   b. **Indicador.**
   c. **Cuadro de mandos.**

2. **¿Qué diferencia hay entre las medidas cualitativas ordinales y las cualitativas nominales?**

   Las medidas cualitativas ordinales pueden tomar varios valores ordenados siguiendo una escala establecida, independientemente de si los intervalos de la escala son uniformes o no. Sin embargo, las medidas cualitativas nominales utilizan también escalas pero en los casos en los que no se puede establecer ningún orden lógico.

3. Complete la siguiente tabla indicando a qué tipo de indicador (siguiendo la clasificación según el tipo de información que facilita el indicador) se refiere cada ejemplo:

Ejemplo	Tipo de indicador
Ingresos de una empresa	Económico
Porcentaje de defectos de un proceso de producción	De calidad
Número de pedidos no atendidos	De servicio
Número de reclamaciones mensuales	De cliente
Coste unitario del producto	De producción
Rotación de los productos de un almacén	De logística
Tiempo medio de respuesta en las llamadas recibidas	De servicio

4. ¿Cuál de las siguientes operativas no se corresponde con los pasos básicos que hay que seguir para crear un indicador?

a. Validar los indicadores mediante criterios técnicos.
b. Señalar la fuente de los datos obtenidos.
c. Comunicar los resultados del desempeño logrado medido con el indicador.
d. Establecer las áreas de desempeño irrelevantes que se van a medir.

5. Busque en la sopa de letra los aspectos que hay que tener en cuenta para realizar una correcta identificación de las metas de una organización. A continuación explíquelos.

C	U	A	N	T	I	F	I	C	A	C	I	O	N
A	D	C	T	E	Y	N	W	U	L	A	A	R	T
A	B	T	E	C	A	I	N	L	U	L	I	D	E
S	A	L	I	D	V	E	R	T	Y	I	A	C	E
C	U	A	L	E	S	R	A	T	I	D	O	S	C
T	E	M	P	O	R	A	L	I	D	A	D	S	O
E	N	G	A	E	S	T	U	O	A	D	A	P	L
N	A	N	A	I	N	E	S	A	T	I	N	A	S
C	A	L	I	M	A	S	E	N	T	O	R	E	R
A	S	E	N	T	A	R	S	T	E	C	A	S	A

Cuantificación: hay que definir en términos absolutos, de porcentaje o de forma nominal qué es lo que se quiere modificar.

Calidad: se debe definir el referente a utilizar para definir lo que se va a mejorar, según los objetivos marcados.

Temporalidad: es imprescindible definir el horizonte temporal en el que deben alcanzarse los resultados (metas).

6. Complete la siguiente oración:

La definición de los objetivos que se pretenden conseguir es necesaria para un correcto establecimiento de los **indicadores,** pero no es **suficiente.** Para cada indicador también es necesario definir qué se va a medir, cómo se va a medir, **quién** lo medirá, cada cuánto y **cuándo** debe revisarse.

7. **Relacione las siguientes definiciones con las distintas partes fundamentales de un indicador mencionadas a continuación:**

    a. Fórmula o ecuación que se utilizará para obtener los datos.
    b. Fija el período de tiempo que debe pasar entre las mediciones.
    c. Describe concretamente lo que se está midiendo.
    d. De dónde se extraerán los datos para ejecutar el indicador.

    a. Fuente de los datos.
    b. Periodicidad.
    c. Modo de calcularlo/ratio.
    d. Definición.

8. **Busque en la sopa de letras las características que debe tener un buen objetivo (características SMART):**

R	E	L	E	V	A	N	T	E	S	A
I	D	V	S	A	K	I	E	N	T	E
L	E	S	P	U	L	I	M	A	S	A
P	O	R	E	Y	I	A	P	O	M	A
A	E	S	C	I	D	O	O	R	E	R
A	I	N	I	D	A	D	R	U	D	E
I	M	A	F	A	D	A	A	C	I	L
S	A	F	I	T	I	N	L	E	B	A
T	A	L	C	A	N	Z	A	B	L	E
U	T	I	O	L	A	Z	A	B	E	S

9. **En referencia a los resultados que ofrece un indicador, indique las diferencias entre los límites legales y los límites de aceptabilidad.**

Los límites de aceptabilidad son los valores que debe tomar un objetivo para que los resultados se consideren correctos. Son límites fijados por la propia organización. Sin embargo, los límites legales son fijados por la ley y no pueden ser sobrepasados; por mucho que la empresa fije unos límites mayores, la legalidad impedirá alcanzarlos.

10. Complete la siguiente tabla indicando a qué tipo de umbral se corresponde cada indicador:

Indicador	Umbral	Tipo de umbral
Tasa de procesos ejecutados por hora	>30	**Tasa**
Porcentaje de incidentes solucionados en una hora	>75 %	**Porcentaje**
Porcentaje de incremento de procesos realizados simultáneamente por equipo	Incremento >5 % anual	**Tendencia**

11. ¿Qué tipo de valores (referentes a umbrales) se refieren las siguientes definiciones?

   a. Valores no ideales pero que reflejan un grado de cumplimiento adecuado según el comportamiento normal del sistema o proceso.

   b. Valores insuficientes de cumplimiento de objetivos. Son signo de necesidad de establecimiento urgente de medidas correctoras y oportunas.

   c. Aquellos valores del indicador deseados por la organización. Son una meta que se espera lograr cuando los procesos y los sistemas de información evaluados alcanzan su madurez.

   a. Valores aceptables.
   b. Valores críticos o insuficientes.
   c. Valores óptimos.

12. Complete la siguiente oración:

Los límites de umbrales no son **estáticos,** varían en el **tiempo** y según la evolución de los parámetros que se quieren medir. El conjunto de límites de umbral establecidos para un sistema es llamado **línea base de rendimiento del sistema.**

13. **Las siguientes oraciones son acciones recomendadas para realizar un correcto análisis de los resultados obtenidos con los indicadores. ¿Cuál de ellas no se corresponde con estas acciones?**

   a. **Comparar el valor del indicador al inicio del período y la meta establecida.**
   b. Analizar las causas de los resultados.
   c. Proponer recomendaciones para corregir las desviaciones.
   d. Establecer compromisos para implementar las recomendaciones formuladas.

14. **¿Qué es un cuadro de mando? ¿Para qué se utiliza?**

   Un cuadro de mando es una herramienta de gestión formada por un conjunto de indicadores clave que resumen el desempeño de un sistema y el nivel de consecución de los objetivos establecidos en una organización. Su finalidad principal es facilitar la toma de decisiones de los responsables, ofreciendo una información global y unificada de los indicadores de una organización. También sirve para ayudar a favorecer la comunicación interdepartamental de la organización e incentivar la toma de decisiones al reducir el nivel de riesgo de las mismas.

15. **Indique qué conceptos debe incluir como mínimo un cuadro de mando elaborado correctamente. Explíquelos.**

   Los cuadros de mando deben contener, como mínimo, los siguientes conceptos:

   ▌ Datos: se definen los indicadores que se incluyen en el cuadro de mando. Deben ser relevantes, útiles y fáciles de entender y visualizar.
   ▌ Propósito y responsables: también hay que fijar desde un principio quién va a utilizar el cuadro de mando y para qué lo va a utilizar.
   ▌ Periodicidad: hay que marcar cada cuánto tiempo se debe actualizar el cuadro de mandos. La periodicidad, del mismo modo que los indicadores, puede ser mensual, trimestral, semestral, etc.
   ▌ Formato: el formato del cuadro de mando es recomendable que sea digital para que su actualización y acceso sea rápido y sencillo. Por ejemplo, se pueden utilizar hojas de cálculo o archivos en formato PDF.

Solucionario Capítulo 5

1. **Complete la siguiente oración:**

Se define el término "red" como un conjunto de dispositivos físicos *(hardware)* y de programas *(software)* mediante el cual se comunican los **ordenadores** autónomos para compartir información. Cada uno de los ordenadores conectados a la red se denominan "**nodos**".

2. **Busque en la sopa de letras cinco medios de comunicación de un sistema de comunicación. Tenga en cuenta que los nombres de los medios pueden estar en español o en inglés:**

A	B	E	R	Z	M	A	R	S	A
O	L	S	A	R	O	U	T	E	R
B	E	W	A	R	D	E	R	T	I
B	R	I	D	G	E	S	A	E	L
D	A	T	A	R	M	A	N	I	E
O	C	C	A	R	A	E	L	I	S
L	R	H	S	E	R	T	O	U	L
A	S	E	M	A	R	T	I	O	N

3. **Indique a qué tipo de conector de un sistema de comunicación se corresponden las siguientes definiciones:**

a. Tipo de cableado especial por el que los datos se transmiten a través de la luz en lugar de por corriente eléctrica.

b. Estructura de cables que se utiliza para conectar entre sí los distintos recursos, componentes y estaciones de trabajo que forman parte de una red.

c. Enlaces que permiten la transmisión de la información a través de ondas electromagnéticas sin necesidad de tener una conexión física.

a. Cableado de fibra óptica.
b. Sistema de cableado.
c. Enlaces inalámbricos.

4. Rellene la siguiente tabla, indicando en la columna de la derecha las capas del modelo OSI a las que corresponden las definiciones de las celdas de la izquierda:

MODELO OSI	
NIVEL - CAPA	**DESCRIPCIÓN**
APLICACIÓN	Ofrece a las aplicaciones la posibilidad de acceder a los servicios de red para realizar el trabajo encomendado.
ENLACE	Divide el flujo de bits en unidades con formato mediante el uso de protocolos (puentes -*bridges*-).
TRANSPORTE	Asegura la correcta recepción de la información.
RED	Establece las comunicaciones y determina la ruta de los datos en la red (enrutador -*router*-).
FÍSICA	Se ocupa de transmitir el flujo de bits a través del medio (cables, tarjetas y repetidores).
SESIÓN	Establece, mantiene y finaliza la comunicación entre las aplicaciones en el momento apropiado.
PRESENTACIÓN	Convierte las distintas representaciones de datos para que puedan ser entendibles por el usuario.

5. Rellene los recuadros de las capas de la arquitectura TCP/IP que se corresponden con las capas del modelo OSI situado a la derecha:

Correspondencia de capas entre modelos TCP/IP y OSI

Arquitectura TCP/IP   Modelo OSI

| Aplicación | ←→ | Aplicación |

| Transporte | ←→ | Presentación / Sesión / Transporte |

| Interred | ←→ | Red |

| Red | ←→ | Enlace / Capa física |

6. ¿Cuál de los siguientes servicios no está incorporado a cada capa del modelo TCP/IP?

    a. Direccionamiento.
    b. Control de la reparación de datos.
    c. Fragmentación.
    d. Nomenclatura.

7. Relacione las siguientes características de las direcciones IP del protocolo IPv4 con las clases de direcciones mencionadas a continuación:

    a. Los 24 primeros bits corresponden a la identificación de la red y los otros 8 a la identificación del equipo.
    b. Direcciones IP reservadas para su uso en investigación.
    c. Los 16 primeros bits (2 *bytes*) identifican la red y los otros 16 al equipo.
    d. Los 8 primeros bits (que es lo mismo que 1 *byte*) identifican la red y los 24 restantes (3 *bytes*) identifican al equipo de la red.
    e. Direcciones IP que envían la información a varias interfaces distintas.

d. Clase A.
c. Clase B.
a. Clase C.
e. Clase D.
b. Clase E.

8. **Dentro del protocolo IPv4, indique a qué concepto se refieren las siguientes definiciones:**

   a. Dirección que tiene los bits de host iguales a cero. Sirve para definir la red en la que se ubica.
   b. Es la dirección del *router* de la red y puede tomar cualquiera de las direcciones de un rango.
   c. Dirección que sirve para enviar un paquete a todos los *hosts* de una red. Esta dirección tiene los bits correspondientes a *host* iguales a 255.
   d. Son direcciones "127.x.x.x" que se reservan para designar la propia máquina. Se suelen utilizar para comprobar las propias interfaces de red.

   a. **Dirección de red.**
   b. **Dirección IP de la puerta de enlace.**
   c. **Dirección *broadcast*.**
   d. **Dirección de bucle local o *loopback*.**

9. **¿Cuál de los siguientes comportamientos irregulares de una red no se detecta con el análisis de resultados facilitado por el proceso de monitorización de la misma?**

   a. Tráfico inusual de la red.
   b. Elementos principales de la red.
   c. **Utilización motivada de la red.**
   d. Calidad del servicio.

10. **¿Qué es un *sniffer*? ¿En qué protocolo se utiliza?**

   Un *sniffer* es un programa cuya función es capturar todos los datos que circulan a través del medio físico, los dispositivos y los equipos que forman parte de una red. Se utiliza en el protocolo Ethernet ya que se basa en un defecto del mismo.

11. De entre las siguientes herramientas, hay una que no se corresponde con un *sniffer*. ¿Cuál es?

    a. Ettercap.
    b. Hobbit-Xymon.
    c. Wireshark.
    d. Kismet.

12. Complete la siguiente oración:

El funcionamiento de la herramienta ***Hobbit-Xymon*** se basa en el envío periódico de peticiones y el correspondiente registro de la respuesta recibida. Si recibe un valor que no está en el rango esperado envía una **alerta** al administrador mediante un correo **electrónico**.

13. Mencione tres actividades para las cuales las herramientas SIM son especialmente útiles:

Las herramientas SIM son especialmente útiles para las siguientes actividades (con mencionar tres de ellas es suficiente):

- Administración de la infraestructura de red y de los distintos activos de la organización.
- Configuración centralizada y monitorización de los componentes de la infraestructura de seguridad.
- Análisis de la información facilitada por los componentes de seguridad.
- Predicción y pronóstico de amenazas.
- Colección y correlación de eventos.
- Detección, identificación y reporte de eventos de seguridad.
- Realización de un análisis forense de los eventos.
- Establecimiento de políticas de seguridad y mejora en la planificación de la seguridad de la organización.
- Monitorización de ataques y respuestas en tiempo real.

14. ¿Cuál de las siguientes opciones no se corresponde con algún beneficio que aporta la utilización de un SEM?

    a. Activación de alertas programadas.
    b. Acceso a los registros mediante una interfaz central inconsistente.

    c. Gestión de eventos de varios sistemas operativos con un solo SEM.

    d. Representación gráfica de la actividad.

15. Rellene la siguiente tabla, indicando las distintas características, funciones y limitaciones de un cortafuegos o *firewall*.

CORTAFUEGOS O *FIREWALL*
Características
Control de servicios
Control de direcciones
Control de usuarios
Control de comportamiento
Funciones
Protección ante usuarios no autorizados
Protección ante servicios potencialmente vulnerables
Protección frente a ataques de suplantación de IP
Simplificación de la administración de la red
Elección de la ubicación de la supervisión de eventos de seguridad
Limitaciones
No hay protección frente a lo que no pasa por el cortafuegos
No hay protección frente a amenazas internas
Puede dar falsa sensación de seguridad

Solucionario Capítulo 6

1. Complete la siguiente oración referente a la identificación de los registros:

Los registros deben poder **identificarse** con facilidad. Esta identificación hay que realizarla en dos **niveles:** en el primero se identifican los registros según el formato utilizado para su **cumplimentación** y en el segundo ya se diferencian por un campo identificador presente en el propio formato.

2. ¿Qué beneficios importantes puede obtener una organización si establece unas medidas de control de registros correcta y adecuada?

Los beneficios más importantes que puede obtener una organización al establecer unas medidas de control de registros correcta y adecuada son los siguientes:

- Mediante el control del almacenamiento de los datos se consigue que el acceso a los mismos sea más sencillo y rápido, lo que propiciará un análisis de los indicadores más ágil y resolutivo.
- Al ser el acceso a los registros más rápido, también se agiliza el proceso de realización de auditorías.
- Hay una mayor protección de los registros, por haber establecido previamente una serie de medidas de seguridad que evitan el uso indebido de los datos y las pérdidas imprevistas de los mismos.
- Hay una mayor organización y orden en el archivo de la organización, lo que puede ahorrar tiempo y gastos en el momento de necesitar algún documento determinado.

3. Según la LOPDGDD se debe preservar la protección de datos a través de:

- Exactitud de los datos
- Deber de confidencialidad
- Tratamiento basado en el consentimiento del afectado
- Consentimiento de los menores de edad
- Tratamiento de datos por obligación legal, interés público o ejercicio de poderes públicos
- Categorías especiales de datos
- Tratamiento de datos de naturaleza penal

4. Rellene la siguiente tabla con las recomendaciones que deben tener en cuenta las organizaciones para cumplir las obligaciones legales respecto a datos personales:

Obligación legal		Recomendación
Los datos deben recogerse solo con fines determinados explícitos y legítimos	⟶	**No usar estos datos para otras finalidades**
Los datos deben ser adecuados y pertinentes en relación a su finalidad	⟶	**No recoger datos si no son absolutamente necesarios**
Los datos deben ser exactos y veraces respecto a la situación del titular	⟶	**Mantener actualizados los datos constantemente**
Los datos deben ser conservados solamente durante el tiempo necesario para las finalidades para las que han sido recogidos	⟶	**Cancelar y eliminar los datos cuando ya no son necesarios**

5. Indique a qué tipo de medida de seguridad (administrativa, técnica o física) se corresponden las siguientes medidas:

   a. Gestión de comunicaciones. **Medida de seguridad técnica.**
   b. Definición de controles respecto a los recursos humanos. **Medida de seguridad administrativa.**
   c. Definición de políticas de seguridad. **Medida de seguridad administrativa.**
   d. Establecimiento de perímetro de seguridad. **Medida de seguridad física.**

6. Complete la siguiente oración:

La **LOPDGDD** habla de que los códigos de conducta regulados por el Reglamento (UE) 2016/679 serán **vinculantes**, y estos tendrán como objeto especificar la aplicación de la normativa en lo que respecta a: tratamiento leal y transparente; la recogida de datos personales; el ejercicio de los derechos de los interesados...

7. **¿Cuál de las siguientes obligaciones no es responsabilidad del responsable de seguridad de una organización?**

   a. Actualizar el listado de personal autorizado a acceder a datos personales en soporte papel de nivel alto.
   b. **Controlar que solo el personal no autorizado pueda acceder a la información en papel de nivel alto.**
   c. Establecer mecanismos para evitar que un usuario pueda acceder a ficheros distintos de los autorizados.
   d. Confeccionar y mantener actualizada una relación de usuarios y perfiles de usuarios a ficheros no automatizados y los accesos autorizados para cada uno de ellos.

8. **Relacione las definiciones siguientes con las carpetas del Editor del Registro de *Windows* mencionadas a continuación:**

   a. Contiene información sobre las configuraciones del usuario que está utilizando *Windows* en ese momento.
   b. Contiene información sobre las aplicaciones registradas y los sistemas de archivos. En esta carpeta se define qué programa debe abrir cada aplicación por defecto.
   c. Contiene los datos sobre los distintos perfiles de usuario que haya en *Windows*.
   d. Contiene información acerca del *hardware* del equipo.

   d. HKEY_CURRENT_USER
   b. HKEY_CURRENT_CONFIG
   c. HKEY_USERS
   a. HKEY_CLASSES_ROOT

9. **Indique a qué tipo de registro de *Windows* se corresponde cada una de las siguientes definiciones:**

   a. Registros que contienen los eventos ocurridos en los accesos del sistema. **Registros de seguridad.**
   b. Registros que incluyen los eventos registrados por aplicaciones o programas. **Registros de aplicación.**
   c. Registros que contienen los eventos que han sido generados por componentes del sistema operativo. **Registros del sistema.**

10. **Complete la siguiente tabla, indicando la funcionalidad de los siguientes archivos de registro de *Linux*:**

Nombre de archivo	Funcionalidad
/var/log/boot.log	Muestra eventos y servicios empezados cuando se inicia el sistema.
/var/log/daemon.log	Muestra mensajes sobre permisos o servicios corriendo en el sistema.
/var/log/errors.log	Muestra errores del sistema.
/var/log/httpd.log	Muestra mensajes y errores de Apache.
/var/log/messages.log	Muestra alertas generales del sistema.
/var/log/user.log	Muestra información acerca de los procesos usados por el usuario.

11. **¿Qué ventajas obtiene una organización al utilizar como sistema de almacenamiento el alojamiento de los registros en la nube?**

Las ventajas que proporciona la utilización de la tecnología de la nube como método de almacenamiento son las siguientes:

I Reducción de costes.
I Mayor accesibilidad.
I Escalabilidad.
I Mayor seguridad.
I Capacidad de autoservicio.

12. **¿Cuál de los siguientes factores no se corresponde con los principales a tener en cuenta por las organizaciones en el momento de la elección del sistema de almacenamiento de los registros?**

a. **Requisitos formales.**
b. Requisitos legales.
c. Características de la red.
d. Tipo de alojamiento de datos.

13. Relacione las siguientes definiciones con los distintos tipos de almacenamiento mencionados a continuación:

    a. Servicios que ofrecen el almacenamiento de datos y registros y la utilización de aplicaciones a través de internet sin necesidad de que estén almacenados en el equipo.

    b. Tipo de almacenamiento en el que los datos y registros se encuentran almacenados en internet y se puede acceder a ellos de modo virtual desde cualquier equipo o dispositivo.

    c. Alojamiento de los datos en los equipos y dispositivos situados dentro de la misma organización.

    c. Alojamiento tradicional.
    a. *Cloud hosting.*
    b. *Web hosting.*

14. ¿Cuáles son las principales normativas a tener en cuenta por las organizaciones en relación a la obtención y tratamiento de registros?

Las principales normativas que se deben tener en consideración son las siguientes:

- Reglamento (UE) 2016/679 y LOPDGDD.
- Normativas referentes a la propiedad intelectual.
- Normativas que regulen temas de privacidad y confidencialidad de la información.
- Normativas referentes al comercio electrónico.

15. Complete la siguiente oración:

En el sistema operativo *Linux* se utilizan archivos de registro para registrar los **eventos** del sistema, entre ellos, la conexión de dispositivos, sesiones nuevas y otros mensajes. En cada mensaje consta el **programa** que lo generó, la prioridad, la fecha y la **hora**.

 Solucionario Capítulo 7

1. **Cuando se define una política de control de accesos, la norma ISO 27002:2023 describe que hay varias formas de implementar un control de accesos adecuados. Indique cuál de las siguientes opciones no se corresponde con un sistema de control de accesos:**

   a. Control de acceso obligatorio.
   b. Control de acceso universal.
   c. Control de acceso basado en redes.
   d. Control de acceso basado en atributos.

2. **Complete la siguiente oración:**

   En relación a la gestión de identidades, la organización debería poder gestionar el ciclo de **vida** completo de las mismas con la finalidad de poder obtener una identificación **única** tanto de los individuos como de los sistemas que acceden a la información de la organización y, así, permitir una asignación adecuada de los derechos de **acceso**.

3. **Según la norma ISO/IEC 27002:2023, todos los procesos relacionados con la gestión de identidades deberían garantizar una serie de aspectos. ¿Cuál de las siguientes frases no se corresponde con estos aspectos?**

   a. Identidad genérica.
   b. Gestión de identidades no humanas.
   c. Auditoría de identidades.
   d. Identidad única.

4. **Los directivos y gerentes de una organización deben encargarse de la revisión periódica de los derechos de acceso de los usuarios. Esta revisión debe realizarse mediante un procedimiento formal. Indique qué debe incluir, como mínimo, este procedimiento.**

   Los directivos y gerentes de la organización deben encargarse de la revisión periódica de los distintos derechos de acceso de los usuarios mediante, también, un procedimiento formal que debe incluir, por lo menos:

I Un proceso para asignar o revocar los derechos de acceso físicos y lógicos concedidos a la entidad autenticada de una entidad.

I Un proceso para llevar a cabo las revisiones periódicas de los derechos de acceso físicos y lógicos, en los que se describa el procedimiento a seguir en el caso de cualquier cambio dentro de la organización o en el caso de finalización de empleo de algún trabajador.

I Un proceso en el que se especifiquen que los derechos de acceso de los usuarios a la información se deberían revisar, ajustar o borrar antes de que se cambie o se finalice una relación laboral.

I La consideración de establecimiento de roles de acceso de usuarios que se basen en los requisitos del negocio, de modo que se engloben varios derechos de acceso en ciertos perfiles de acceso de usuarios típicos.

5. **¿Qué Norma ISO recoge los requerimientos para definir una correcta política de acceso a los sistemas de información de una organización?**

    a. ISO 27001:2023
    b. **ISO 27002:2023**
    c. ISO 27003:2023
    d. ISO 27004:2024

6. **Identifique los siguientes enunciados con cada tipo de medidas que debe adoptar e implantar el responsable de un fichero:**

    a. Medidas cuyos objetivos están encaminados a mantener la integridad, confidencialidad y disponibilidad de la información cuando esta contiene datos de carácter personal. Estas medidas están clasificadas en función del nivel de seguridad de sus datos: básico, medio y alto. **Medidas técnicas.**

    b. Medidas cuyos objetivos están encaminados al establecimiento de procedimientos, normas, reglas y estándares de seguridad para proteger los datos personales en el momento de su tratamiento. **Medidas organizativas.**

7. **Según la LOPDGDD, ¿qué nombre recibe el responsable de los datos dentro de una organización?**

    a. Responsable de ficheros.
    b. Responsable del tratamiento de ficheros.
    c. **Responsable del tratamiento de datos.**
    d. Responsable de datos.

8. **Comente qué acciones podrá realizar un usuario con los permisos siguientes:**

   a. El usuario podrá ejecutar aquellas aplicaciones que no influyan en los datos de la organización y también podrá visualizar los archivos, aunque no realizará ninguna modificación en ellos. **Leer y ejecutar.**
   b. El usuario ya está autorizado para hacer cualquier tipo de operación sobre los archivos en los que se les ha asignado este permiso, desde su creación, modificación hasta su eliminación. **Control total.**
   c. El usuario podrá abrir las carpetas para visualizar los archivos que hay en ella, pero no podrá acceder a ellos. **Lista de contenidos.**
   d. El usuario con estos permisos solo podrá leer y visualizar los ficheros. No podrá ejecutar ninguna aplicación. **Solo lectura.**

9. **Rellene las medidas de seguridad que falten en el listado.**

MEDIDAS DE SEGURIDAD
Almacenamiento de la identificación, fecha y hora del acceso, fichero accedido, tipo de acceso y acceso autorizado/denegado en cada acceso.
Control de acceso físico limitado al personal autorizado en el documento de seguridad.
Conservación de los datos: mínimo dos años.
Acceso autorizado solo a los datos necesarios.
El responsable de tratamiento de datos debe establecer un mecanismo para identificar a los usuarios que intentan acceder al sistema.
Establecimiento de mecanismos para evitar el acceso de usuarios con derechos distintos a los autorizados (responsable de tratamiento de datos).
Revisión de la información de control y elaboración de informes: una vez al mes por el responsable de seguridad.

10. **Relacione las siguientes definiciones con los protocolos mencionados a continuación:**

    a. Es una base de datos jerárquica en la que se almacena información sobre los nombres de dominio en las redes. Su utilización más frecuente está relacionada con la asignación de nombres de dominio a las direcciones IP.

b. Es un protocolo que asigna de modo automático las direcciones IP.

c. Es un protocolo de autenticación de usuarios que permite que dos equipos situados en una red de baja seguridad se puedan identificar mutuamente de un modo seguro.

d. Se trata de un protocolo que permite el acceso a un servicio de directorio ordenado y distribuido cuya función principal es permitir la búsqueda de información en un entorno de red. En numerosas ocasiones, es considerado como una base de datos sobre la que se puede realizar una serie de consultas para localizar los datos deseados.

b. DHCP.

c. Kerberos.

d. LDAP.

a. DNS.

11. ¿Qué es un directorio activo?

El directorio activo es un servicio de directorio que gestiona todos los elementos que forman parte de una red, desde equipos hasta grupos, usuarios, dominios, políticas de seguridad y cualquier otro objeto que esté definido por el usuario.

12. Indique a qué hacen referencia las siguientes claves utilizadas con frecuencia en DLAP:

a. u. **Unidad o departamento en el que trabaja la persona.**

b. sn. **Apellido de la persona.**

c. cn. **Nombre de la persona.**

d. givenname. **Nombre de pila de la persona.**

13. Complete la siguiente oración:

La gestión de identidades y autorizaciones (IAM) es un conjunto de sistemas y procesos encargados de gestionar y controlar la **identidad** de las personas que acceden a los recursos del **sistema de información** y todo aquello que puede hacer cada usuario con estos recursos, cumpliendo en todo momento con las **políticas** definidas por la organización.

14. ¿Cuál de los siguientes aspectos no está incluido en un perfil de identidad?

    a. Información personal del usuario.
    b. Credenciales de autenticación.
    c. Identificación común.
    d. Permisos de acceso y roles asignados al usuario.

15. Relacione las siguientes definiciones con cada tipo de herramienta SSO:

    a. Protocolo que externaliza la autenticación de los usuarios a través del servidor Kerberos.
    b. Herramienta mediante la cual se evitan autenticaciones redundantes para identificar a los usuarios en aplicaciones web.
    c. Herramienta que compila la identidad en una dirección url, que puede ser verificada posteriormente por cualquier aplicación o servidor para conocer la identidad y los privilegios del usuario que pretende acceder a ellos.
    d. Herramienta que utiliza una autenticación primaria para completar automáticamente las aplicaciones secundarias con el mismo usuario y contraseña.

    b. Identidad federada.
    c. OpenID.
    a. Kerberos.
    d. Enterprise Single Sign-On (E-SSO) o Legacy Single Sign-On.